'젤러바흐 상'을 수상한
티파니 터너의 특별한 선물

paper flowers
페이퍼 플라워

티파니 터너

PHOTOGRAPHS BY

티파니 터너
and
아야 브랙켓

나의 사랑스러운
스텔라와
올리버에게

contents

저자의 말 7
페이퍼 플라워에 대한 짧은 느낌 9

CHAPTER 1
Paper, wire, glue
주름지, 꽃철사, 접착제 15

CHAPTER 2
The flowers
꽃들 27

CHAPTER 3
Leaves, stems & buds
잎, 줄기, 꽃봉오리 193

CHAPTER 4
Things to wear & Thing for your Hair
페이퍼 플라워 액세서리 215

CHAPTER 5
Giant Paper Flowers
대형 페이퍼 플라워 241

이 책을 끝내며 258
저자에 대해서 259
추천의 말 260
Index 262

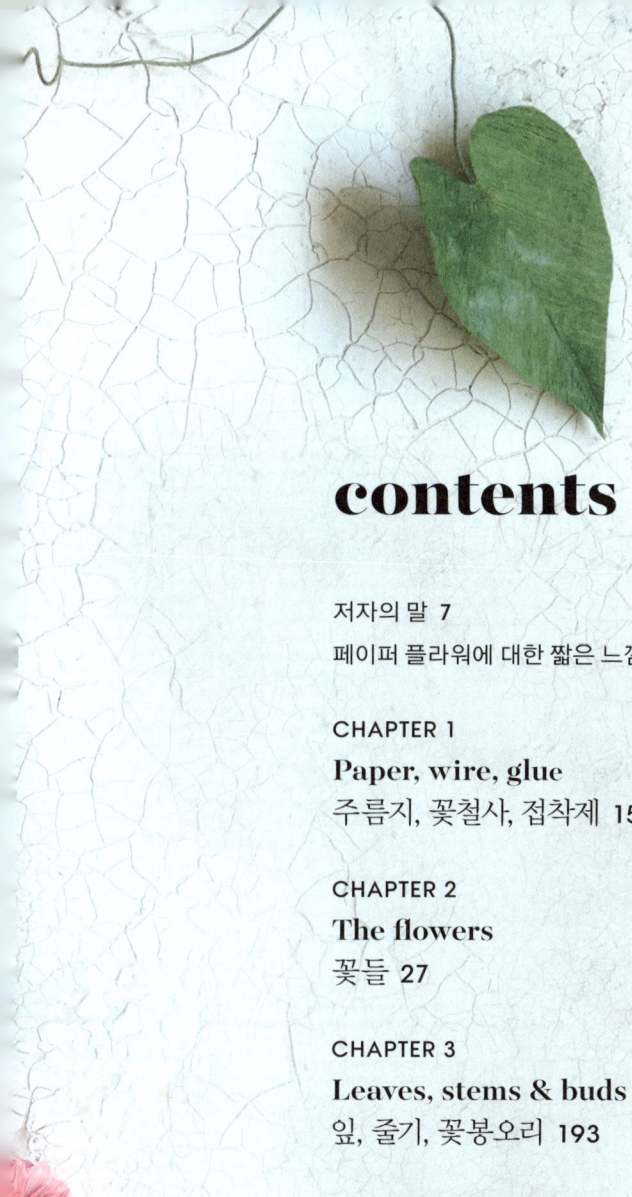

저자의 말

저는 항상 식물을 표현한 예술 작품에 매혹당했지요. 북미의 천연색 가득한 일러스트레이션에서 영국과 프랑스 식물학자의 정교한 수술 판화까지, 모든 것에 눈길이 갔습니다. 전 식물에 대한 묘사가 예술로 통해 나타날 때 절대적인 아름다움으로 사람을 매혹시킨다고 생각합니다. 그래서 수년간의 연습을 통해 꽃을 예술로 표현하는 방법을 찾았어요. 그것이 바로 페이퍼 플라워입니다. 그렇다고 제가 꽃에 대한 전문가는 아닙니다. 꽃에 대한 저의 지식은 그저 자연을 거닐고, 정원을 탐방하고, 책과 사진들을 찾아보고, 저와 같이 꽃을 좋아하는 괴짜들과 대화를 통해 아는 것이 전부지요. 하지만 제 머릿속은 항상 아직 만들어내지 못한 꽃들로 가득 차 있어요. 제가 페이퍼 플라워 작업을 할 땐 우선 실제의 꽃이 어떻게 성장하는지, 원산지가 어디인지, 꽃이 피는 계절은 언제인지 조사합니다. 그렇다고 피보나치 나선을 참조하거나 라틴어 학명으로 된 표본을 찾는 일은 없습니다. 식물의 구조를 토대로 내가 표현하고 싶을 것을 형태로 만들고자 할뿐이지요. 그래서 전 식물학자라는 호칭은 사양합니다. 그저 꽃을 표현합니다, 그것도 종이로요.

만약 누군가가 5년 전 저에게 "당신은 페이퍼 플라워 분야의 예술가, 강사 그리고 작가의 길을 걷게 될 것입니다"라고 했다면 믿지 않았을 것입니다. 하지만 신기하게도 건축가, 아마추어 식물화가, 대서양 연안 토박이, 20년차 샌프란시스코 주민, 플라멩코 학생, 풍자극 공연가 그리고 아내와 어머니가 되기까지 거쳐 온 시간들이 적재적소로 결합되어 저를 페이퍼 플라워의 예술가로 이끌어주었습니다. 저는 옷과 패션을 사랑했어요, 미술과 공연을 사랑했어요, 무언가 만드는 것을 사랑했어요, 종이를 사랑했고, 풀접착제을 사랑했어요. 그리고 지금은 꽃을 사랑합니다. 제가 사랑하는 것들이 완벽하게 모여 페이퍼 플라워라는 분야에서 활동하고 있지만 계획적으로 목표를 세워 지금 이 자리에 있는 것은 아닙니다. 그저 사랑하는 것들을 하다 보니 자연스럽게 이 분야에서 활동하고 있을 뿐이지요.

저는 왜 이 책을 썼을까요? 그것은 바로 페이퍼 플라워 예술에 대한 저의 해석을 독자들과 나누고 싶었기 때문입니다. 저는 자연 세계에 대한 호기심, 세심한 안목 그리고 건축가로서 습득한 건축 지식으로 페이퍼 플라워를 연구하고 해석했습니다. 그래서 제 작품은 자연의 놀라운 리듬과 패턴을 탐구합니다. 아마도 이 책을 통해 당신은 여태 눈치 채지 못한 자연의 일부분을 세세하게 알 수 있을 겁니다. 저는 작품들을 최대한 사실적으로 만들기 위해 노력하지만 깃털과 같은 촉감의 꽃잎이나 변덕스러운 색과 질감에 대해선 가끔 이것저것 섞어서 표현하기도 합니다. 그러나 핵심은 자연 그대로의 식물이지요. 이 책은 학생들과 작업하며 배운 것뿐만 아니라 저의 모든 공예 기술과 철학이 담겨 있습니다. 그리고 페이퍼 플라워를 지속적으로 알리기 위한 저의 작은 노력도 담겨 있습니다.

페이퍼 플라워에 대한 짧은 느낌

지난 4~5년간 저는 샌프란시스코의 아파트 한구석에서 종이 조각 더미 속에서 대부분의 시간을 보내며 페이퍼 플라워를 만들었습니다. 믿을 수 없을 정도로 강한 인내심을 가진 제 가족들은 서로 가까이 산다는 이유 하나만으로 페이퍼 플라워 예술가가 되기 위한 제 경력에 도움을 주었지요. 작품에 대한 아이디어를 내주거나 엉망이 된 집을 관리해주거나 혹은 둘 다 해주거나. 이 책에서 제시하는 페이퍼 플라워 만드는 방법은 저만이 아니라 제 가족이 겪은 노동의 결실입니다. 그렇다고 페이퍼 플라워 공예가 그리 어려운 작업은 아닙니다. 그저 제가 이 작업을 매우 진지하게 다루기 때문이지요.

이 책에서 식물학적으로 정확한 표본을 만들기 위해 상세한 설명과 구체적인 기술을 써넣긴 했지만 그것과는 상관없이 여러분들이 페이퍼 플라워를 만드는 과정을 즐기고 자신만의 창의력을 발휘할 수 있기를 바랍니다. 준비물도 간단해요. 주름지 한 롤과 철사 조금, 약간의 접착제가 전부지요.

만약 여러분이 이 책을 읽기 전 주문한 주름지가 이 책을 읽으면서 배송되지 않았다면, 그 정도로 기다릴 수 없이 빨리 시작하고 싶다면 먼저 장식용 색리본을 이용한 부겐빌레아를 시작해보세요. 철사가 없다면 옷걸이나 나무 꼬치를 활용하는 것도 좋아요. 시중에 다양한 페이퍼 플라워의 재료가 나와 있지만 완벽한 재료를 사용하는 것보다 손을 사용하여 이 공예에 익숙해지는 것이 더 중요합니다.

저는 여러분이 각각의 꽃을 하나의 프로젝트로 생각하고 접근하길 바랍니다. 이 책의 난이도 범위는 '매우 쉬운'에서부터 '약간의 연습으로 해낼 수 있는'까지입니다. 이 책에 실린 꽃 중에는 단 5분 만에 완성할 수 있는 것도 있고, 5시간 이상 걸리는 작품도 있지요. 꽃은 여러분들이 만드는 데 필요한 테크닉에 따라 나눠져 있을 뿐 식물학적인 성장 방식과는 크게 연관되어 있지 않습니다.

만약 당신이 페이퍼 플라워 공예를 처음 시도한다면 '초보자를 위한 표본'과 '내가 좋아하는 장미들' 섹션의 하이브리드 티 장미로 시작해볼 것을 추천합니다. 이것을 통해 빠른 시간 안에 자신감을 얻을 수 있을 것입니다. 물론 인내심을 가지고 임해야 한다는 것은 기본 전제입니다. 그리고 여러분의 예술적 감각을 이용하면 더 좋은 작품을 만들어낼 수 있을 것입니다. 누군가 페이퍼 플라워에 대해 조언을 구할 때 제가 하는 말은 이것입니다.

사실주의를 바탕으로 작업을 할 때
원하는 결과를 얻고 싶다면
자신이 보고 있다고 생각하는 것이 아니라
자신이 보는 것을 만들어야 한다.

즉 실제 꽃 표본에서 꽤나 불규칙적인 꽃의 형태의 반복에서 길을 잃지 않도록 노력하라는 뜻입니다. 자연의 정교함과 체계적인 혼돈에 주의를 기울이고, 자연 세계를 재현해낼 때 작의적인 판단을 피해야 한다는 말이지요. 많은 꽃잎이 질서 정연하게 줄지어 있는 만큼이나 꽃의 머리 부분에는 많은 결함이 존재하기 때문에 저는 작업할 때 이 부분을 놓치지 않으려고 합니다. 이것을 돕기 위해 꽃잎을 올바르게 정리하는 방법, 빛의 각도를 조절해 종이를 펴고 구겨서 실제 꽃잎처럼 연출하는 데에 많은 시간을 할애했습니다. 이 책에서는 자연스럽게 꽃잎을 붙여 넣을 수 있는 배치 방법을 자세히 알려드릴 겁니다. 세심한 작업은 제가 매우 중요하게 생각하는 것이며, 이것에 주의를 기울이면 좋은 결과물을 얻을 수 있습니다.

꽃에 대한 작은 추억

제가 이 책에 포함시킨 꽃들 모두 뭔가 특별한 것이 있습니다. 물론 저한테 오지 않고 자연 속에 그대로 있었다면 더 나았겠지만 제게로 온 이상 저와 대화를 할 수 있는 상대물이었고, 어느 정도 정의도 내렸습니다. 저는 그들과 함께 한 역사를 가지고 있습니다. 예를 들어 그린 트릭 패랭이꽃은 한 신부가 자신의 결혼 부케로 해달라고 부탁할 때까지 고려했던 것이 아닙니다. 그리고 제 고향인 뉴햄프셔 주에서 일주일간 예술가의 마을에서 머물면서 새로운 것들을 탐험하고 시도하면서 작업을 했습니다. 때론 옷에 걸치고, 내 귀에 꽂기도 하고, 꽃관을 만들어 쓰기도 했지요. 이 책에 있는 모든 꽃들은 제 심장을 한두 번은 뛰게 한 것들이니 여러분도 그런 느낌을 받아보시기 바랍니다.

이 책의 활용 방법

우선 1장을 읽어보세요. 1장에는 주름지, 꽃철사, 접착제 등 페이퍼 플라워를 만드는 재료를 자세하게 설명해 놓았습니다. 그리고 여러분이 꼭 가지고 있어야 할 품목들을 체크해줄 겁니다. 2장에는 책 전반에 걸쳐 사용된 기본적인 기술에 대한 설명과 꽃 도안이 있습니다. 그리고 전 주름지에 색을 더하는 것을 별로 좋아하지 않지만 주름지에 색을 더하는 다양한 방법 등을 알려주는 특별한 섹션을 준비했습니다. 그리고 각 파트 끝에는 해당 도안 및 가이드가 있습니다. 그리고 이 책에 제시되어 있는 꽃 모두 알파벳 순서대로 되어 있지 않으니 만약 여러분이 찾고 싶은 꽃이 있다면 인덱스를 활용하면 도움이 될 것입니다. 그리고 완성된 꽃에 항상 필요한 것은 아니지만 잎과 줄기 그리고 꽃봉오리는 3장에서 찾을 수 있고, 4장에 포함된 프로젝트는 제가 특별한 이벤트를 위해 만든 작품을 선보일 것입니다.

저는 어디에서나 페이퍼 플라워에 대한 영감을 발견합니다. 그리고 이 책이 페이퍼 플라워 애호가들에게 영감의 원천이 되기를 바랍니다.

모든 예술가들은 자신들이 만드는 작업물인 꽃을
아름다운 생명체로 만들기 위해 노력해야 한다.
인생 자체보다 더 아름다운 향기를 가질 수 있도록.

- 찰스 레니 매킨토시 | CHARLES RENNIE MACKINTOSH

CHAPTER 1

paper, wire, glue

주름지, 꽃철사, 접착제

주름지에 대한 모든 것

주름지는 내게 사탕처럼 달콤한 존재다. 주름지를 쥐었을 때 내 손에 느껴지는 감촉을 좋아한다. 색에 대한 나의 사랑은 꽃에 대한 나의 사랑만큼이나 일을 하고자 하는 원동력이 된다. 또한 주름지의 엄청난 내구성은 나의 작품들이 좋은 상태로 유지되도록 한다. 이 책의 각 챕터에서는 꽃을 만드는 데 필요한 종이 무게와 색상을 알려주지만 보통 흰색, 노란색, 초록색 주름지를 한 묶음씩 가지고 있다면 이 책에서 보여주는 몇몇 꽃을 만들 수 있을 것이다.

현재 시중에 나와 있는 주름지의 색상명에 대한 규칙은 일관성이 없다. 예를 들어 이탈리아의 60그램과 180그램 주름지는 공급업체가 지정한 번호로 식별된다. 나는 이탈리아산 종이를 표기할 때 내가 정한 보편적인 색상명과 함께 공급업체가 지정한 번호를 사용한다. 중국산 100그램, 180그램 종이는 색상 번호 없이 공급업체가 정한 색상명으로 불린다. 따라서 색상명 후에 색상 번호 없이 '100그램' 혹은 '180그램'이라는 표기가 있으면 그것은 중국산 종이를 뜻한다. 독일산 90그램 더블렛 주름지와 160그램 주름지 역시 색상 번호가 없고 공급업체가 정한 색상명으로 불린다.

주름지 종류

다음은 내가 작품에 사용하는 주름지의 종류이며 이 책 전반에 걸쳐 사용했다. 각 종류의 주름지의 공급처는 24~25페이지에 나와 있다.

180그램 이탈리안 플로리스트 주름지

무게와 제조업체의 색상 번호 및 일반 색상명은 대체로 '180그램 #600 흰색'으로 표기된다. 이 종류는 내가 사용하는 주름지 중 가장 무겁고 두꺼우며 잘 찢어지지 않는다. 선명한 색상을 띠며 선택의 폭이 넓다. 내가 정말 좋아하는 옴브레 색상으로 제공되는 유일한 주름지며 매우 뻣뻣하고 내구성이 좋아서 대형 페이퍼 플라위를 만들 때 사용할 것이다. 실물 크기의 꽃 또한 이 주름지로 만들어지며, 주로 두꺼운 질감을 살리거나 주름지를 늘려 부드럽고 얇게 만들어 사용하기도 한다.

180그램 '고급' 중국 주름지

무게와 제조업체의 색상명은 대체로 '180그램 흰색'으로 표기된다. 이 종류는 겉보기에 가볍고 같은 종류의 이탈리안 종이에 비해 색상이 어둡다. 나는 다른 종이에서 찾을 수 없는 고유의 색상 때문에 이것을 사용한다.

160그램 독일 플로리스트 주름지

무게와 공급업체의 색상명은 대체로 '160그램 흰색'으로 표기된다. 180그램 중국 주름지보다 가볍지만 조금 더 뻣뻣하다. 이 종류의 색상은 밝으면서도 자연스럽고, 특히 초록색 계열의 선택의 폭이 가장 넓다.

100그램 중국 주름지

무게와 공급업체의 색상명은 대체로 '100그램 흰색'으로 표기된다. 이 종이는 얇지만 내구성이 강하고 질감을 살려야 하는 꽃잎을 표현하는 데에 가장 좋다. 100그램 '복숭아색'은 다소 베이지 색을 띠어 '복숭아색/베이지색'으로, 100그램 '갈색'은 약간 회색빛을 띠어 '갈색/회색'으로 언급한 것에 유의해야 한다.

90그램 독일 '글로리아' 더블렛 주름지

공급업체의 색상명과 '더블렛'으로 불리지만 '흰색/흰색 더블렛' 또는 '크림색/노란색 더블렛'으로 표기된다. 이 주름지는 롤이 아니라 폴드 단위로 제공된다. 이것은 서로 다른 색상의 경량 주름지 2장을 붙여서 만들어졌기 때문에 '더블렛'이라고 불린다. 이 주름지는 부드러운 질감으로 꽃잎을 만들기에 적합할 정도로 다양한 색상을 선보인다.

60그램 이탈리안 플로리스트 주름지

무게와 제조업체의 색상 번호 및 일반 색상명은 대체로 '60그램 #330 흰색'으로 표기된다. 이것은 매우 얇아서 미국에서 구하기 힘든 재료다. 이 종이로 아름답고 부드러운 꽃을 만들 수 있지만 부드러운 만큼 내구성이 약하고 잘 구겨져서 나는 주로 꽃잎 전체보다는 꽃의 내부 구조나 하이라이트를 표현할 때 사용한다. 이 종이는 매우 자연스러운 표현이 가능하며, 색상도 굉장히 아름답다. 원하는 색상의 60그램 주름지 2장을 일반 혹은 스프레이 접착제로 붙여서 자신만의 더블렛을 만들어 사용하는 것도 좋은 방법이다.

장식용 주름지 리본과 홑겹 접장꼭지(folds)

기본 색상명인 흰색 장식용 리본으로 표기된다. 나는 거의 이 종류를 사용하지 않지만 무게감 있는 주름지에 붙여 독특한 색상 조합으로 사용하면 부겐빌레아 꽃이나 특정 둘레를 만들 때 유용하다.

주름지 작업을 위한 기본 팁

다음은 페이퍼 플라워 작업을 시작하기 전 알아두면 좋을 주름지의 특성이다.

종이결

크레이핑 질감 또는 종이결은 페이퍼 플라워를 만들 때 가장 신경 써야 하는 부분이다. 어떤 결을 선택하느냐에 따라 탄력과 내구성이 달라진다. 도안 설명서에 있는 세 개의 평행선은 종이결의 방향을 나타낸다. 주름지를 자르기 전 원하는 종이에 도안을 복사하거나 따라 그린 후 종이결의 방향에 맞춰 비스듬하게 잘라야 한다.

가능한 한 꽃잎과 꽃술은 도안에서 지정한 크기로 잘라야 한다. 이때 주름지의 수직면을 '높이'라고 부르고, 수평면을 '길이'라고 부른다. '높이'를 나타내는 면이 항상 종이결의 방향이 되어야 한다. 이는 수직면이 수평면보다 짧을 때도 마찬가지다.

기계 라인

100, 160, 180그램 주름지 롤은 모두 종이결에 따라 수직으로 약 2cm 간격의 연속적인 기계 라인을 가지고 있다. 가능하다면 꽃잎을 기계 라인 사이에서 자르거나 기계 라인을 꽃잎의 바닥 부분이 되도록 배치하여 자른다. 때때로 대형 페이퍼 플라워를 만들 때는 기계 라인을 피할 수 없겠지만 종이를 매만지면 기계 라인이 부드러워질 것이다.

종이 무게

종이가 무거울수록 탄력이 강해 더 많이 늘어난다. 따라서 원래 100그램 주름지로 지정된 꽃을 180그램 주름지로 만들 경우 꽃이 더 커지고 왜곡될 수도 있다. 주름지 그램을 조정할 때 이를 주의해야 한다. 많은 작업을 하면 주름지 그램을 조정하기가 수월해질 것이다.

펼치기(Outstretching)

꽃을 만드는 방법을 살펴보면 여러 단계에서 종이를 완전히 펼치라는 지시가 있을 것이다. '펼치기'는 주름지를 사용하기 전에 종이가 거의 부드러워질 정도로 늘리라는 의미다. 이 작업을 통해 종이 모양을 잡을 수 있을 뿐만 아니라 얇게 펼치면서 자연스러운 표현을 할 수 있다. 다만 주름지를 조금이라도 펼치면 주름지의 색상이 옅어질 수 있다는 점도 기억하자.

라미네이팅(Laminating)

주름지를 여러 장 붙이는 기법인 라미네이팅은 꽃술에 두 가지 이상의 색의 주름지를 사용하게 하는 훌륭한 방법이다. 이는 작업자가 두 가지 색상의 꽃잎에 서로 다른 색상의 위치를 보다 잘 조절할 수 있도록 하며 얇은 주름지의 내구성을 보강하는 데도 유용하다.

종이 마모와 찢어짐, 햇빛 및 습기

이 책에 사용되는 주름지는 내구성이 강하며 다른 주의 사항 없이 사용이 가능하다. 그러나 주름지가 구겨지거나 부서지는 것을 피하기 위해 주름지를 보관하는 장소와 방법에 대해서도 알아야 한다. 주름지 대부분, 특히 밝고 어두운 색상은 퇴색을 방지하기 위해 직사광선과 과도한 열을 피해야 한다. 일부 주름지는 방수 처리되어 있지만 일반적으로 모든 주름지는 습기에 약하다.

옴브레 주름지

종이 한 면에 만들어진 아름답고 흥미로운 색 조합으로 만들어진 옴브레 주름지는 특별하다. 옴브레 종이는 이 책 전체에 걸쳐 사용되었다. 하지만 단일 혹은 다양한 색의 조합으로 대체해 옴브레 주름지의 그라데이션을 모방할 수 있다.

여기에 언급된 것들을 포함하여 주름지 꽃잎을 손질하고 모양을 만들기 위한 더 자세한 내용은 31페이지의 '기본 테크닉'에 자세히 설명되어 있다.

꽃철사와 접착제

다음은 꽃철사와 접착제에 대한 설명이다. 줄기를 감쌀 때 사용하는 원예용 테이프에 대해 알아두면 매우 유용하다.

꽃철사

철사는 꽃의 줄기를 표현하는 재료라 매우 중요하다. 이 책에서 제시하는 대부분의 페이퍼 플라워에 사용될 것이다. 철사도 색상과 두께가 다양해 꽃의 형태나 성격에 따라 맞춰 선택할 수 있다. 더욱 효과적으로 보이긴 위해서는 철사를 원예용 테이프로 감아 사용할 수도 있다. 철사의 두께는 게이지gauge로 나타내며, 게이지가 작을수록 두꺼운 철사를 의미한다.

나는 중앙에 위치한 잎들을 모으기 위해 얇은 철사를 사용하고 줄기는 두꺼운 철사를 여러 개 사용한다. 철사를 사용할 때 주의할 점은 철사의 날카로운 부분으로 꽃 머리 부분이 손상되지 않도록 세심하게 다뤄야 한다는 것이다. 물론 거의 모든 꽃에 사용된 철사는 후크나 루프로 처음과 끝이 맞물리도록 만들어 설명할 테지만 이 점에 주의하도록 하자.

왁스로 처리된 원예용 테이프도 철사와 함께 페이퍼 플라워를 만드는 데 꼭 필요한 재료다. 이때 주의해야 할 것은 철사에 원예용 테이프를 감을 때 짱짱하게 당기면서 감아야 한다는 점이다. 그래야 마감이 예쁜 줄기가 탄생한다. 최대한 단단히 잡아당기면서 깔끔하게 감도록 노력해야 한다. 원예용 테이프에도 다양한 색상이 있는데 나는 밝은 녹색과 어두운 갈색 테이프를 가장 자주 사용한다. 이것으로 꽃봉오리나 꼬투리를 만든다.

접착제

접착제는 접착력이 강한 것과 약한 것이 있다. 나는 각 특성에 맞게 이 둘을 적절하게 활용한다. 접착제를 바를 때는 3가지 방법이 있는데 어렵지 않다. 첫 번째는 작은 붓에 접착제를 흘려 사용하는 것이고, 두 번째는 접착제에 붓을 담가 사용하는 것이고, 세 번째는 붓 사용 없이 손가락으로 접착제를 발라 사용하는 방법이다. 특성에 맞게 적절하게 활용하면 된다. 그리고 접착제를 바른 후에는 잘 마르기까지 기다리는 시간이 필요하다.

가끔 나는 한 손에 꽃을 들고 허공을 쳐다보는 경우가 많은데 이것이 다 접착제를 바르고 기다리는 시간이다. 그리고 어느 정도 시간이 지난 후 접착제를 발랐던 부분이 잘 붙어 있는지 확인해야 한다. 만약 잘 붙어 있지 않다면 접착 작업을 다시 시작해야 한다. 여기서 주의해야 할 점은 접착제를 너무 많이 바른 경우 꽃 모양이 예쁘지 않을 수도 있으니 양을 적당하게 조절하는 것이 좋다.

간단한 도구 & 재료 & 특수 품목

다음은 종이, 꽃철사, 접착제 외에 내가 항상 사용하는 품목들이다. 대부분 집안에서 흔히 있는 가정용품이니 편안하게 훑어보면 좋겠다. 가위, 와이어 커트, 붓, 금속 팔레트, 모자 핀, 자 등이 있고, 종이의 색과 질감을 처리할 때 필요한 초크, 커피, 차, 붉은색 잉크, 수채물감 농축액 등이 있다. 재료 구입처는 24~25페이지를 통해 확인할 수 있다.

가위
내가 가장 자주 사용하는 가위는 미술용품을 파는 가게에서 6달러에 산 주방용 가위다. 종이를 자르는 전문가용 가위는 아니지만 이것 없이는 작업할 수 없다. 만약 여러분이 페이퍼 플라워용의 가위를 사야 한다면 다른 특별한 기준은 필요 없다. 그저 종이가 부드럽게 잘릴 수 있도록 가위 날이 날카롭고 여러분의 손에 잘 맞는 것이면 된다. 집안에 굴러다니는 작은 가위가 있다면 작업할 때 필요하니 챙겨두는 것도 좋다.

대나무 꼬치
요리할 때 필요한 꼬치는 꽃잎을 장식하는 데도 필요하지만 줄기로도 사용될 수 있다. 얇은 대나무 꼬치는 많은 꽃들의 꽃잎을 장식하는데 사용되지만 줄기로도 사용될 수 있다.

모자 핀
몇 년 전 남편이 선물한 얇고 뾰족한 금속 모자 핀인데 꽃잎에 접착제를 바르고 모양을 정리할 때 필요하다.

와이어 커터
철사를 절단하거나 구부릴 때 활용한다.

간단하 도구와 재료
아래의 재료는 이 책에서 자주 활용되는 재료들이다.

- 각종 페인트 붓
- 블랙커피와 홍차
- 크림슨 수채물감 농축액
- 모자 핀 또는 비슷한 형태의 가는 바늘
- 종이 절단 가위/ 작은 가위
- 펜치/와이어 커트
- 붉은색 잉크
- 소독용 알코올
- 룰러
- 여러 가지 색깔의 초크
- 얇은 대나무 꼬치 이쑤시개
- 물

스페셜 아이템(SPECIAL ITEMS)
스페셜 아이템은 선택 사항이지만 가끔 어떤 작품을 만들 때 필요할 때가 있으니 참고해보자.

- 다양한 색상의 수채물감 농축액
- 표백제
- 블렌딩 브러시
- 달걀 판
- 버터 나이프
- 엑스트라 샤프 가위
- 주방용 스펀지
- 키친 타월
- 모드포지
- 롤링 핀
- 샤프 또는 흑연 연필
- 작은 유리 그릇/숟가락
- 접착제를 도포할수있는 넓고 단단한 페인트 붓/ 뾰족한 중간 붓/ 뾰족한 작은 붓
- 가장자리가 둥근 나무젓가락
- 24게이지 흰색 철사

재료 구입처

아래는 내가 주로 주름지, 철사, 원예용 테이프를 주문하는 곳이며, 그 다음은 이 책에 나오는 특별하고 다양한 품목들을 판매하는 곳이다. 접착제, 가위, 붓, 모드포지, 대나무 꼬치, 초크 외의 간단한 재료들은 일반 공예품점이나 식료품 잡화점 또는 철물점에서 구입할 수 있다.

CARTE FINI FINE ITALIAN PAPERS

www.cartefni.com

- 180그램 이탈리안 플로리스트 주름지 – 단색, 옴브레 색상
- 60그램 이탈리안 주름지

CASTLE IN THE AIR

www.castleintheair.biz

- 160그램과 180그램 독일, 이탈리안 플로리스트 주름지
- 90그램 독일 '글로리아' 더블렛 주름지
- 천으로 감은 줄기용 고급 철사

D. BLUMCHEN & COMPANY

www.blumchen.com

- 90그램 독일 '글로리아' 더블렛 주름지
- 홑겹 주름지 폴드

DICK BLICK ART MATERIALS

www.dickblick.com

- Dr. Ph. Martin 라디언트 고농축 수채물감

ETSY

www.etsy.com

- 빈티지 모자 핀도구로 사용하며 길이는 상관 없음
- 천으로 씌운 얇은 고무줄 머리띠

www.etsy.com/shop/fancygoods

- 모자 고무줄

www.etsy.com/shop/LushLapel

- 눈물방울 모양의 4×7 시나메이 패시네이터 기본틀

MISTER ART

www.misterart.com

- 홑겹 주름지 폴드와 장식용 리본 주름지

PAPER MART

www.papermart.com

- 100그램, 180그램 중국 주름지
- 천으로 씌운 초록색그리고 하얀색 꽃철사, 18인치 단위 모든 게이지
- 종이로 씌운 갈색 꽃철사, 18인치 단위 18게이지
- 가는 초록색 꽃철사, 18인치 단위 24게이지
- 연녹색, 진녹색, 진갈색 원예용 테이프

SAVE-ON-CRAFTS

www.save-on-crafts.com

- 천, 갈색 종이로 씌운 고급 꽃철사, 18인치 단위
- 연녹색, 진녹색, 진갈색 원예용 테이프

32° NORTH

www.vintage-ornaments.com

- 90그램 독일 '글로리아' 더블렛 주름지

로컬 공방이나 공예품점에서 준비물을 찾을 수 없는 경우 대부분의 제품 들을 아마존 www.amazon.com 에서 구입 가능하다.

- 꽃철사 모둠이나 색상과 유용성 때문에 내가 선호하는 원예용 테이프
- 클라우스 Clauss 3인치 티타늄 미세 절단 가위
- 복숭아색이나 산호색과 같은 특수 색상 장식용 리본 주름지
- Dr. Ph. Martin 라디언트 고농축 수채물감
- 자수사
- 종이로 덮은 플라스틱 또는 파피에 마세 papier mâché, 종이반죽 모형

CHAPTER 2

the flowers
꽃들

기본 테크닉과 초보자를 위한
페이퍼 플라워 공예

기본 테크닉
부겐빌레아
카네이션
수선화와 겹꽃 수선화
일본식 모란
나팔꽃
도안 및 가이드

CHAPTER 2에서 보여주는 페이퍼 플라워는 다양한 기본 테크닉을 사용하여 만들 것이다. 페이퍼 플라워 공예에 빠지기 시작한 내가 처음 만든 꽃은 부겐빌레아다. 그 이후 꾸준하게 꽃을 만들면서 내 테크닉도 계속 발전했다. 아마도 여러분은 내 발전된 모습을 볼 수 있을 것이다. 이 장에서 제시하는 다섯 종류의 꽃들은 각각 다양한 색상으로 만들어져서 이때 준비한 주름지는 다른 챕터에서도 활용할 수 있을 것이다. 이 챕터에서 충실하게 기본을 배운다면 난이도가 높은 페이퍼 플라워를 만들어내는 데 어려움이 없을 것이다. 그리고 여러분은 시간이 지날수록 생화처럼 아름다운 꽃을 만들어낼 수 있을 것이다.

기본 테크닉

페이퍼 플라워를 작업하는 데 있어 가장 중요한 것은 주름지에 생명력을 불어넣기 위한 손질이다. 실제로 작업하는 데 꼭 필요한 8가지 테크닉에 대해 알아보자.

자르기(cutting)
가장 기본적이면서도 가장 중요한 작업이다. 가위로 주름지를 자를 때 가위 힘으로 주름지가 늘어나지 않도록 한 번에 4겹 이상은 자르지 않는다. 도안을 본뜨는 것 역시 주름지를 늘리거나 자국을 남길 수 있으니 주의한다.

누르고 늘려주기(CUPPING AND STRETCHING)
주름지를 압박하며 누르는 것을 커핑이라고 하는데 주로 오목한 꽃잎 면을 만들 때 사용한다. 엄지와 집게손가락 사이로 꽃잎을 잡고 엄지로 깊숙이 눌러 주름을 없앤다. 강하게 눌러도 상관없으니 설명에 맞춰 압박하며 눌러준다. 그리고 늘려주는 것을 스트레칭이라고 하는데 꽃잎 가장자리를 따라 부드럽게 밖으로 당기면 얇게 주름지를 늘릴 수 있다.

꽃술 만들기(fringing)
꽃술은 페이퍼 플라워 작업에서 매우 중요한 기술이기 때문에 꽃술을 설명하는 챕터에서 자세하게 다룰 것이다. 만약 여러분이 화려한 꽃술을 원하지 않는다면 단순하고 기본적인 꽃술을 대체해도 된다.

부수기, 구기기와 꼬기 (CRUSHING, CRUMPLING AND SPINDLING)
꽃잎을 부수려면 꼬챙이나 모자 걸이에 종이를 뒤로 만 다음 그 상태로 짓누른다. 이 기술은 양귀비 꽃잎과 드라이플라워를 표현하는 데 아주 좋은 질감을 준다. 구기기와 꼬기 역시 좋은 질감을 만들 수 있다. 종이를 공 모양으로 뭉쳐 구겨보자. 꽃잎을 꼬려면 종이를 중앙선 쪽으로 모아서 한쪽 방향으로 뒤튼 다음 반대쪽 방향으로 뒤틀면 된다.

꼬아주기(CURLING)
꼬챙이나 모자 핀으로 꽃잎의 위쪽이나 옆면을 돌려서 머리에 펌을 하듯이 말아준다. 이 테크닉은 장미 꽃잎이나 수선화 및 달리아에 자주 사용된다.

주름 만들기(RUFFLING AND RIPPLING)
주름진 가장자리를 만들려면 가위 날로 리본을 컬링하는 것처럼 엄지와 검지 손톱과 손끝으로 주름지 위쪽 가장자리를 집어 종이 결에 수직이 되도록 빠르게 잡아 당겨준다. 종이가 과도하게 늘어나는 것을 막기 위해 주름을 만드는 동안 종이 가장자리 부분만 잡는다.

펼치기(OUTSTRETCHING)
펼치기는 두껍고 질감 있는 주름지를 얇고 부드럽게 만들어 컵 모양으로 만드는 작업이다. 주름지 조각의 양끝을 잡고 주름지가 팽팽하고 매끄러워질 때까지 허벅지 또는 테이블 위에서 앞뒤로 세게 문질러준다. 100~180그램 종이는 생각보다 덜 섬세하므로 세게 문질러도 괜찮다.

라미네이팅
라미네이팅은 다양하고도 아름다운 효과를 낼 수 있다. 주름지 조각에 얇고 균일하게 접착제를 바르고, 같은 방향으로 두 번째 종이를 얹은 후 종이 결 방향으로 문질러 접착한다. 그리고 꼭 통풍이 잘 되는 곳에서 작업해야 빨리 마른다.

부겐빌레아 bougainvillea

부겐빌레아는 세계 일부 지역에서 '종이꽃'으로 알려져 있다. 왜 이런 이름이 붙었을까? 이 꽃이 종이로 얼마나 아름답게 표현되는지를 보면 그 이유를 알 수 있다. 뉴햄프셔 주에서 자란 나는 부겐빌레아 줄기를 본 적이 없다. 하지만 이곳 샌프란시스코에서는 거의 모든 골목마다 이 꽃이 거대한 다발로 자리 잡고 있다. 부겐빌레아는 4월에서 11월까지 피고 총상꽃차례를 이루며 3개의 포포엽에 싸여 있다. 꽃은 부겐빌레아 3개의 중앙 꽃봉오리 끝에 피는데 눈에 잘 띄지 않는다. 꽃을 표현하기가 조금 까다로워 나는 부겐빌레아를 만들 때 꽃을 덧붙이지 않는다. 하지만 이번 작업에서는 꽃을 포함시켰다. 그래서 더 멋진 작품이 탄생했다.

부겐빌레아의 색상은 다양하다. 이 책에서 제시하는 작업에서는 마젠타 주름지를 사용했지만 부겐빌레아는 노란색, 빨간색, 보라색, 적갈색, 산호색 및 심지어 흰색 주름지를 사용해도 아름답다. 내구성과 질감 면에서 두께가 있는 주름지를 사용하는 것을 선호하지만 밝은 적갈색으로 물들인 복숭아색 또는 산호색 장식용 주름지 리본 역시 멋진 대안이 될 수 있다. 귀 뒤에 꽂을 수 있는 작은 부겐빌레아 송이는 사랑스럽고, 큰 사이즈의 부겐빌레아는 웨딩 부케로 사용할 수 있다. 4장을 참조하면 좋은 아이디어를 얻을 수 있을 것이다.

일반 접착제
글루건과 심
180그램 #572 마젠타 주름지
180그램 #588 고동색 주름지
180그램 #600 흰색 주름지
연녹색 원예용 테이프
24게이지 녹색 꽃철사
잎(202페이지 참조)

• 56~57페이지의 도안을 참조하자.

부겐빌레아

1 포를 만들기 위해 높이 약 5cm, 길이 약 12cm의 180그램 #572 마젠타 주름지 조각을 펼친다. 종이를 여섯 번 접고, 3개의 평행선을 종이 결과 맞춘 뒤 56페이지 도안 B1~B5에 맞춰 6개의 포 반쪽을 자른다. 그중 하나의 가장자리에 접착제를 얇게 바른다. 전체 포를 만들기 위해 마주보는 포 반쪽을 접착제를 바른 가장자리 위에 놓고 엄지와 집게손가락으로 부드럽게 눌러준다. 이때 종이 결은 중간 위쪽과 바깥을 향하도록 한다. 불빛에 종이를 비춰 보며 양면이 16분의 1 이상 겹치지 않도록 확인한다. 필요하다면 종이를 조금 밀어 겹치는 부분을 줄인다. 잘라놓은 나머지 종이를 사용해 3개의 완전한 포를 만들어보자.

2 각 포의 겹쳐진 가장자리를 다듬고 중심선을 따라 안쪽으로 접는다. 포를 마주보는 상태에서 엄지손톱과 손가락으로 상단 모서리를 구긴 후에 포를 반대쪽으로 돌려서 아래쪽에 구김을 만든다. 포의 잔물결이 균일하지 않도록 조금씩 다르게 구김을 준다.

3 단순한 꽃봉오리를 만들기 위해 높이 약 0.9cm, 길이 약 5cm 180그램 #588 고동색 주름지와 약 15cm 길이의 24게이지 꽃철사 3개를 준비한다. 주름지를 철사의 꼭대기에 꼭 맞게 감싸고 접착제로 고정하며 만다. 중심부를 단단히 감아 둥근 윗부분과 폭이 점점 가늘어지는 밑 부분을 모래시계 모양처럼 꽃봉오리를 만든다. 필요한 경우 봉오리의 측면을 조금 잘라 모양을 강조한다. 나머지 2개도 같은 방법으로 만든다. 주름지를 만 부분을 약 5도 정도 구부린다.

4 작은 꽃을 만들려면 180그램의 #600 흰색 주름지를 56페이지의 도안 B6에 맞춰 자른다. 그것의 상단 가장자리를 부드럽게 구긴 후에 8등분으로 나눠 8분의 1 되는 위치에서 뒤로 구부린다. 가장자리에 일정한 간격으로 틈새를 5개 내고, 각 틈새 바로 옆을 한 번 더 자른다. 모자 핀을 넣어 꽃 중심부에 구멍을 뚫어준 뒤 글로건을 사용하여 꽃철사의 끝 부분에 붙인다. 꽃잎 바로 아래를 고동색 주름지로 잘 감은 뒤 끝 부분에서 약 5도 정도 구부린다.

5 각 꽃봉오리와 꽃을 포의 밑 부분으로부터 4분의 1 위치에 고정하고 3개의 포 아랫부분을 글루건으로 부착시킨다.

6 꽃봉오리를 감싼 포 아랫면에 글루건을 쏜다. 접착제가 식기 전에 두 번째 포를 밀착시켜 결합한다. 같은 작업으로 세 번째 포를 신속하게 부착한다.

7 꽃봉오리의 밑 부분을 구부려 원하는 만큼 포를 벌리고, 꽃봉오리 끝 부분을 중심 쪽으로 약간 구부린다. 꽃봉오리가 달린 여러 개의 철사를 원예용 테이프로 함께 감싼다. 혹은 철사 하나만 남기고 다른 철사를 포 밑에서 자른 뒤 원예용 테이프로 감싸 줄기를 얇게 만들 수 있다.

8 포와 꽃봉오리를 대량으로 준비해두면 대형 부겐빌레아 송이를 빠르게 만들 수 있다. 여러 장의 홑잎이나 잎이 무성한 덩굴을 덧붙이거나 다양한 종류와 색상의 주름지를 사용하여 작품을 만들어보자.

카네이션 carnation

미국에서는 카네이션이 가장 과소평가되고 인정받지 못하는 꽃 중 하나일 것이다. 카네이션은 드레스에 꽂는 코르사주나 마트에서 파는 흔한 꽃으로 밀려났다. 그러나 꽃을 사랑하는 사람들은 카네이션이 수세기 동안 예술 작품의 주역이었고, 현대의 꽃꽂이에서 빼놓을 수 없는 존재라는 것을 잘 안다. 다소 진부할 수도 있지만 페이퍼 플라워로 만들어보면 색다른 아름다움을 느낄 수 있다. 주름지에 베리 레드 염료로 불규칙하게 얼룩을 만들어내면 앤티크적인 느낌을 살릴 수도 있다. 이번 장에선 캔디 스트라이프 카네이션을 만들어보자. 네덜란드 화가가 그린 것 같은 그럴싸한 작품이 탄생할 수도 있다. 특히 꽃잎의 가장자리를 작은 가위로 지그재그나 물결 모양으로 자르면 한층 생기가 넘칠 것이다.

만들기 전 몇 가지 주의 사항 : 꽃잎을 쉽게 부착할 수 있을 땐 일반 접착제를 사용하고, 꽃잎을 올바른 위치에 유지할 땐 글루건과 심을 사용하자. 꽃잎은 다른 꽃잎을 중심부까지 끼워서 채워 넣을 수 있도록 밑 부분만 줄기에 연결해야 한다. 꽃받침의 경우, 녹색 주름지를 56페이지의 CC1과 CC2 모양을 참조해 자르고 꽃받침과 줄기가 만나는 곳을 감싼다. 56페이지의 C3와 C4 도안을 사용하여 더 작은 카네이션을 만들 수 있다.

접착제

글루건과 심

180그램 적갈색으로 염색한 복숭아색/베이지색 주름지, 캔디 스트라이프 패턴 또는 원하는 색상의 180그램 주름지

100그램 황록색 주름지

180그램 #566 담녹색 또는 연한 색상의 주름지

레몬옐로 초크

연녹색 원예용 테이프

녹색 천으로 감싼 16게이지 꽃철사

잎(202페이지 참조)

• 56~57페이지의 도안을 참조하자.

카네이션

1 원하는 색상의 180그램 주름지를 최대한 넓게 펼친 후 56 페이지의 C1 도안에 맞춰 약 7.5cm 길이의 꽃잎을 24장 자른다. 이렇게 하면 완전히 펼쳤을 때와 달리 종이에 약간의 주름이 남아 꽃잎의 움직임을 잘 표현할 수 있다. 꽃잎의 윗부분은 엄지손톱과 집게손가락을 이용해 중앙에서 바깥쪽으로 늘린다. 그 다음 엄지손가락을 중앙에서 위아래로 문질러 주름을 잡는다.

2 이번에는 손톱의 끝부분을 사용하여 꽃잎에 깊은 고랑을 만드는데, 상단 끝에서 약 1.25cm 부분을 남겨두고 멈춘다. 붓이나 손가락 끝을 사용하여 각 꽃잎 밑에 접착제를 발라주고 차례대로 한쪽씩 접어 모은다. 꽃잎이 벌려진 상태로 접착 부위 바로 위를 눌러 꽃잎이 오그라들지 않게 한다.

3 느슨하게 포갠 꽃잎 더미의 밑 부분을 서로 붙인다. 꽃잎 3장을 포갠 여섯 더미와 2장씩 접은 꽃잎 두 더미 그리고 나란히 붙인 2장의 꽃잎을 준비한다. 꽃잎 3장을 포갠 더미의 받침 옆 부분을 꽃철사 상단의 약 1.25cm 되는 지점에서 글루건으로 붙인다.

4 3단계의 방법과 같이 꽃잎 3장을 포갠 세 더미를 줄기 윗부분에 붙이는데, 네 더미를 고르게 배치한다. 나란히 붙인 2장의 C1 꽃잎을 12시 방향으로 등이 보이게 붙이고, 2개씩 포개 접은 꽃잎 한 세트를 9시 방향으로 등이 보이게 붙인다. 위에서 볼 때 2개의 C 모양이 등을 맞대야 한다.

5 C2 꽃잎을 만들 차례다. 주름지를 사용해 약 9cm 길이의 C2 꽃잎을 32장 자른다. 방법은 1단계와 같다. 엄지손톱과 집게손가락을 이용해 중앙에서 바깥쪽으로 가볍게 늘려 약간의 구김을 준다. 그런 후에 꽃잎 아랫부분의 4분의 3 정도에서 모아 접착제로 붙인다. 8단계부터 10단계에서 사용할 꽃잎 18장을 빼고, 나머지 꽃잎의 V 부분 양면을 눌러준다

커핑. 꽃잎이 말릴 정도로 깊게 눌러야 한다.

6 깊게 누른 C2 꽃잎 중 7장을 꽃 주변에 끼우고 작은 꽃잎 더미 사이로 밀어넣는다. 꽃의 중간 또는 그 근처에서 만날 수 있도록 가장자리를 밀어넣어야 한다. 각각의 C2 꽃잎은 약간 눌러줘 작은 꽃잎보다 위에 보일 수 있도록 정렬한다. 받침 부분을 너무 세게 누르면 중앙에서 꽃잎이 튀어나올 수도 있으니 주의하자. 꽃잎의 위치를 유지하기 위해 중심부 가장자리에 접착제를 발라 부착한다. 그 후에 떠 있는 받침 부분을 접착제나 글루건으로 아래에 고정시킨다. 접착제가 마르기 전에 조심스럽게 받침 부분을 모은다. 다음으로 1, 3, 5, 6, 9, 11시 방향에 C2 꽃잎을 붙인 후, 작은 꽃잎을 감싸며 등쪽 부분이 바깥으로 커핑된 C2 꽃잎을 8시에서 9시 방향 사이에 붙인다. 이렇게 세심하게 작업하면 여러분의 작품이 카네이션의 실물에 최대한 가까워질 것이다.

7 C2 꽃잎을 V자 모양으로 접은 뒤 1장은 안쪽 12시 방향, 다른 한 장은 6시 방향으로 밀어넣는다. 그리고 다른 꽃잎을 각각 5시와 6시 방향의 C2 꽃잎 사이로 밀어넣는다. 그리고 1장의 꽃잎을 2장의 작은 꽃잎에 붙여 등 쪽 부분이 바깥에 오도록 한다. 큰 꽃잎의 접힌 부분이 중앙을 향하게 하면서 3시와 4시 방향 사이로 밀어넣는다. 나머지 세 겹 꽃잎 두 세트와 두 겹의 작은 꽃잎 한 세트는 재량에 따라 꽃 주변에 채워 넣는다. 꽃의 중심부까지 밀어넣을 필요는 없지만 꽃잎 사이에 꼭 맞게 놓여야 한다.

8 마지막 3장의 커핑된 C2 꽃잎으로 꼿꼿한 중심 꽃잎과 수평으로 난 꽃잎 사이를 부드럽게 메꿔준다. 받침의 위에서부터 약 3.8cm 떨어진 부분을 뒤로 구부리고, 상단에 글로건을 쏴 C2 꽃잎의 사이로 밀어넣거나 나선형으로 들어가서 꽃 상단으로부터 약간 떨어져 자연스럽게 붙인다. 꽃잎은 대각선 방향으로 붙여야 하고, 중심을 향한 꽃잎 가장자리는

꼿꼿하게, 바깥을 향한 가장자리는 소용돌이무늬가 되게 한다.

9 나머지 18장의 C2 꽃잎은 2단계처럼 엄지손톱으로 손질하는데 꽃잎을 약간 늘려 넓히거나 펴지 않은 상태로 조밀한 꽃을 만들 수 있다. 중간 지점에서 꽃잎을 뒤로 접고, 접은 부분을 따라 꽃잎 3장을 8단계에서 만든 3장의 꽃잎 바로 아래에 글루건으로 부착한다.

10 나머지 꽃잎은 9단계의 꽃잎과 비슷한 높이에 접착제를 사용해 부착한다. 꽃잎이 일렬로 정렬되지 않도록 대각선이나 위아래로 비틀어준다. 3장의 꽃잎을 뒤집힌 U자 모양으로 구부리고 다른 꽃잎 사이에 45도 각도로 밀어넣는다. 맨 아래쪽 꽃잎은 수평이거나 약간 아래쪽으로 기울어지도록 한다.

11 꽃받침을 만들 차례다. 담녹색 주름지를 56페이지 도안 CC2에 맞춰 자르고 담황색 초크로 옅게 칠한 뒤, 상단 8분의 1 정도 되는 위치에서 접착제를 바르지 않은 상태로 줄기와 만나는 받침 부분을 감싼다. 줄기를 원예용 테이프로 감싸고, 202페이지를 참조하면서 잎을 붙인다. 틈새가 있다면 받침 부분의 빈 공간에 글루건으로 쏴 조심스럽게 눌러 압착한다. 혹시라도 글루건을 과다하게 사용했다면 식은 뒤 작은 가위로 잘라내면서 부드럽게 손질한다.

12 암술머리를 만들려면, 담녹색 #566 주름지의 결을 이용해 약 3.1cm 높이의 가늘고 긴 조각strip 3장을 자른다. 접착제를 가볍게 바르고 손가락 사이로 둥글게 만 다음 붓 주위에 뾰족한 상단부를 감는다. 끝 부분에 약간의 접착제를 사용하여 윗부분에 컬이 약간 보이게 꽃 중심부의 구석으로 넣어준다.

수선화와 겹꽃 수선화
daffodil & double daffodil

접착제

글루건과 심

흰색과 연노란색/
노란색 더블렛 주름지
(꽃잎과 꽃부리)

오렌지/레드오렌지,
라이트 새먼/연한 장미색과
연분홍색/살구색
더블렛 주름지

100그램 금색 주름지

180그램 #566 담녹색
주름지

100그램 갈색/회색 주름지

진홍색 수채물감 농축액

유리 그릇

둥글고 뾰족한 붓

작은 붓

물

대나무 꼬치,
꽃 한 송이당 1개

암녹색 원예용 테이프

초록색 천으로 감싼
20게이지 철사

잎(202~203페이지 참조)

모서리가 둥근 일회용
나무젓가락,
꽃 한 송이당 1개(선택)

수선화는 나르시스이고 나르시스는 수선화이다. 이 두 단어가 동의어라는 것을 이해하는 데는 어느 정도 시간이 걸렸지만 이제는 자연스럽게 이 단어를 사용할 수 있다. 노란색 또는 흰색의 주름지로 수선화를 만들면 절대로 실패하는 법이 없지만 다른 색을 조합해보는 것도 페이퍼 플라워를 만드는 즐거움이다. 내가 이 장에 겹꽃 수선화를 포함시킨 이유는 화려한 아름다움도 한몫했겠지만 여러분이 색의 조합을 잘못하더라도 그럴싸한 작품이 나오기 때문이다.

나는 주로 색과 질감의 효과를 주기 위해 더블렛 주름지를 사용한다. 꽃부리 부분은 잔물결을 만드는 기술을 사용하는 대신 자르거나 물 또는 얼룩으로 가장자리를 뒤로 구부려서 연속적이고 자연스러운 주름을 표현했다. 물로 작업할 경우 어떤 결과가 나올지 몰라 여분의 주름지를 준비해야 한다. 희석시키지 않은 진홍색 수채물감 농축액을 구부린 꽃부리 상단 가장자리에 가볍게 바르면 더 멋진 결과물을 만들 수 있다. 대나무 꼬치는 줄기에 사용되지만 더 두꺼운 줄기의 경우 겹꽃 수선화 만드는 방법에 나와 있는 것처럼 둥근 나무젓가락을 덧댈 수 있다. 포는 갈색 주름지 대신 구겨진 갈색 양피지를 사용해도 된다.

• 56~57페이지의 도안을 참조하자.

수선화

1 제일 먼저 꽃부리를 만들어보자. 56페이지 도안 중 D1, 중간 크기 D2 또는 D3을 사용하여 원하는 색상과 크기로 자른다. 사다리꼴의 상단 가장자리를 주름지게 접은 후에 각 주름 부분을 넓게 펼친다. 꽃부리 도안에 표시된 것처럼 상단 가장자리를 약 0.3cm 깊이로 둥글게 자른다. 위에서 주름지게 접은 부분 밑을 돌려 감은 다음, 다시 풀어 사다리꼴의 한쪽 가장자리에 접착제를 바른다. 손가락이나 연필을 감싸고 엄지손가락으로 이음새를 잡고 눌러서 밀봉한다. 쥐어 짜거나 꼬아서 끝부분을 모으고 원하는 꽃부리 길이로 조정하여 뾰족하거나 둥근 모양으로 마무리한다. 이음새 부분에서 종이가 더 높게 올라가 있는 곳을 다듬어 다른 것과 수평을 유지한다.

2 꽃부리는 일반 물이나 착색제를 사용하여 상단 가장자리를 부드럽게 만들어 바깥쪽으로 구부릴 수 있다. 얼룩을 만들기 위해서는 적어도 1분 동안 한 스푼 반 정도의 물에 꽃부리의 상단 부분을 적셔야 한다. 혹은 둥글고 뾰족한 붓에 물이나 수채물감을 묻혀 꽃부리의 상단 가장자리를 살짝 두드려준다. 붓에 과도한 물이 섞였다면 제거한다. 물로 인해 종이가 부드러워지면 브러시로 뒤로 구부린다. 색의 조합은 물이 1스푼이면 수채물감은 3방울 정도가 좋다. 젖어 있는 꽃부리를 10분간 말린 후 가장자리가 조금 더 주름이 가게 구긴다. 10분이 지난 뒤에 다시 꼬집듯 구긴다.

3 줄기와 꽃밥을 만들어보자. 줄기는 초록색으로 감싼 20게이지 철사를 사용하고 꽃밥은 철사에 100그램 금색 주름지로 단단하게 감아 만든다. 꽃밥 상단 부분을 별 모양처럼 약 1cm 안 되게 5번 자른 뒤 바깥쪽으로 구부린다.

4 꽃잎을 만들어보자. 여러분이 원하는 색의 주름지를 56페이지 도안 D4, D5 또는 D6를 이용해 자른다. 각 꽃잎의 중심선을 접고 단단히 돌려 감은 다음 부드럽게 펼친다. 접

착제로 주름을 잡고 각 밑면을 약간 구부린다. 모자 핀을 이용해 가장 작은 D4 꽃잎 가장자리를 찌른 후 손으로 꾹꾹 눌러 주름지를 늘린다. 더 큰 사이즈의 D5와 D6 꽃잎은 접착제를 살짝 발라 엄지손톱으로 뒤 또는 앞 중심선을 긁어 자연스런 주름을 만든다.

5 꽃부리 밑 부분 3분의 1 지점에 꽃잎 1장을 붙이고 뭉뚝해지지 않도록 매만진다. 그런 다음 꼬치를 안쪽으로 꽂아 고정시킨다. 나머지 5장의 꽃잎을 적당한 간격으로 붙인다. 이때 각 꽃잎이 꽃부리에 닿는 지점은 모두 같아야 한다. 연녹색 주름지로 꽃잎 밑 부분을 단단히 감아 고정한다.

6 꽃잎 아래 약 4.5cm 지점에서 철사줄기에 나무 꼬치를 붙여보자. 암녹색의 원예용 테이프를 사용해 단단히 감싸는데 이때 철사는 곧게 유지한다. 노출된 철사와 나무 꼬치는 원예용 테이프로 다 감쌀 때까지 감아준다.

7 마지막으로 포를 만들어보자. 100그램 갈색/회색 주름지로 57페이지의 도안 D7 또는 D8을 활용해 포를 자른다. 그것을 활용해 꽃잎 아래에 마른 줄기처럼 보이게 감아주는데 이때 응용력이 필요하다. 자연 식물은 정형화된 것이 없기 때문에 꽃잎의 반을 감싸거나 꽃잎 아래에서 감아주면 훨씬 더 생생한 수선화가 될 것이다.

8 위와 같은 방법으로 여러 가지 크기와 색상을 시도해보자.

겹꽃 수선화

1 수선화를 만드는 방법과 동일하다. 우선 꽃부리는 여러분이 원하는 색의 주름지를 선택해 57페이지 도안에 맞춰 D9 5장과 D10 18장을 자른다. 꽃부리 상단 가장자리를 주름지게 접은 후 넓게 펼친다. 아래를 모은 다음 접착제로 붙이고 엄지손톱으로 상단 가장자리에 주름을 만든다. 그런 뒤에 수선화 만드는 방법 2단계처럼 수채물감을 묻혀 꽃부리 상단 가장자리를 살짝 두드려준 뒤 구부린다. 마르기를 기다렸다가 이 과정을 반복한다.

2 색이 다른 작은 꽃잎을 만들어보자. 56~57페이지 도안 D11 5장, D4 6장, 크기가 큰 D5 12장을 흰색이나 노란색 더블렛에서 자른 뒤 각각 커핑한다. D11 5장 상단 가장자리를 모자 핀으로 안쪽 혹은 뒤쪽으로 말아주고 CURLING 구긴 다음 몇 개는 다시 펼쳐준다. 4장의 D9 꽃부리 조각은 D11 꽃잎 안 아래에 깔아놓는다. 꽃철사 상단에 작은 고리를 만들고, 중첩된 꽃잎 옆면을 글루건으로 부착한 후 D9 조각을 직각이 되도록 붙인다. 다른 3개의 꽃잎 세트와 하나의 독립형 D11 꽃잎을 중심 주변에 무작위로 붙이고, 꽃잎 상단부가 중심 꽃잎보다 약 0.3cm 아래 위치하도록 한다.

3 D4 6장 상단 가장자리를 안쪽으로 말아주고 구기고 다시 펼친다. 엄지손톱으로 D5 12장의 뒷면 중심선을 집어 주름을 만든 다음 꽃부리 가장자리는 약간 접는다. 그 안에 D10 꽃부리 조각 6장을 꽃잎 안쪽 약 1.2cm 아래에 붙인다. 꽃잎을 고르게 겹쳐 놓는 것보다 둥글게 다듬는 것에 집중하여 꽃잎을 붙인다.

4 위 단계를 반복해 꽃을 풍성하게 만든다. 줄기는 수선화 만드는 방법에서 5~7단계를 참조하면서 마무리한다. 수선화를 만들 때 나무 꼬치를 사용했다면 겹꽃 수선화는 나무 젓가락을 사용해 줄기를 두껍게 만들어보는 것도 좋은 방법이다.

일본식 모란 japanese form peony

접착제

글루건과 심

180그램 #603 크림색 주름지

100그램 노란색 주름지

흰색 더블렛 주름지

60그램 #212 마젠타 주름지 또는 180그램 #572 마젠타 주름지 (선택)

올리브 더블렛 주름지 (또는 원하는 톤의 녹색 주름지)

진홍색 수채물감 농축액

작은 붓

넓고 단단한 붓 (선택)

녹색 천으로 감싼 16게이지 꽃철사

잎(203페이지 참조)

모드포지(선택)

꽃을 신징하는 작업은 매우 어렵다. 그나마 단순한 형태를 띠고 있는 일본식 모란을 만들어보자. 일본식 모란은 솜털을 감싸는 작고 뾰족한 꽃잎 무리를 큰 꽃잎이 에워싸는 형태를 취하고 있다. 그리고 이 종은 다른 종류의 모란보다 약간 평평한 형태를 띤다. 여기서 만들어볼 모란은 브리지스 드림Bride's Dream과 볼 오브 뷰티Bowl of Beauty다. 이 모란의 바깥쪽 흰색 꽃잎은 허니골드 모란과 프힘베흐Primevere 모란과 비슷하다.

일본식 모란을 만드는 작업은 재미있고, 여러 색을 섞어 사용하거나 꽃 전체를 버건디로 만들어도 괜찮은 작업물이 나올 수 있다. 나는 모란의 꽃잎을 커핑 말고 다른 방법을 사용하여 꽃잎이 정형화되지 않도록 손질하는 것을 선호한다. 볼 오브 뷰티 모란의 꽃잎은 라벤더 보라색에서 핫핑크까지 다양한 색상이 있지만 나는 마젠타 주름지를 선택했다. 그리고 모드포지를 사용하는 경우 완전히 건조할 때까지 기다리는 시간을 충분히 가져야 한다.

- 56~57페이지의 도안을 참조하자.

일본식 모란

1 브리지스 드림 모란은 180그램 #603 크림색 주름지를 57페이지 도안 JP6에 맞춰 높이 약 5cm, 길이 약 45cm로 3장을 자른다. 볼 오브 뷰티의 경우 펼쳐진 100그램 노란색 주름지를 57페이지의 도안 JP7처럼 높이 약 5.5cm, 길이 약 45cm로 3장 자른다. 중앙 부분은 구기지 않은 상태로 두고 끝과 끝만 감는다.

2 꽃철사 상단을 약 0.3cm 높이의 M자 형으로 구부린다. 그리고 JP6 꽃잎의 끝부분과 철사를 연결한다. 이때 꽃잎 윗부분이 M의 상단 약 2.5cm 위에 위치하도록 한다. JP6 밑 부분에 접착제를 가볍게 발라 아랫부분이 일정하도록 철사에 단단히 감는다. 뾰족한 주름지를 자주 위로 당겨 평평하게 해주면서 꽃잎의 부피를 최소화한다. 브리지스 드림의 경우 크림색 꽃잎 중앙의 M자 철사 상단을 진홍색 수채물감으로 조심스럽게 두드려 꽃밥을 표현한다.

3 브리지스 드림의 경우, 흰색 더블렛 주름지에서 57페이지 도안 JP1 2장, JP2 3장, JP3 4장, JP4 3장을 자른다. 각 꽃잎의 가장 넓은 부분을 약 1.27cm 깊이의 둥근 그릇 모양으로 커핑한다. 이때 너무 깊이 눌러주면 양 옆이 배수로처럼 패일 수도 있으니 주의하자. JP1과 JP2 기저부를 뒤로 약 1.27cm 구부리고, JP3와 JP4는 뒤로 약 1.9cm 구부린다. 쪼개진 JP1과 JP3 꽃잎 상단의 양쪽 가장자리를 가볍게 늘려서 JP1 1장과 JP3 1장을 주름 잡거나 중심선을 따라 위로 접어 양 면을 아래로 약간 늘어뜨린다. 너무 주름지지 않도록 JP2와 JP4 꽃잎 상단 가장자리를 아주 가볍게 늘려 물결을 만든다. 커핑이나 손질 중에 꽃잎을 잘못 붙여 다른 것보다 튀어나왔거나 비뚤어진 것이 있다면 보기 좋게 가장자리를 다듬는다.

볼 오브 뷰티의 경우, 넓고 단단한 붓을 사용하여 60그램 또는 180그램 주름지로 만든 약 25cm 크기의 정사각형 조각의 양면에 모드포지를 얇게 발라준다. 하룻밤 정도 매달아 건조시킨다. 건조 후에 JP5 꽃잎 9~10장을 자르고 커핑한 뒤 각각 중심부가 약 5cm가 될 때까지 펴준다. 접착제를 발라 꽃잎의 밑 부분을 접은 다음 기저부 약 3.8cm 모으고, 각 받침대를 약 3.8cm 뒤로 접는다. 절반의 꽃잎은 깊게 커핑하고, 나머지 절반은 상단 가장자리가 위쪽을 향한 상태에서 주름지거나 약간 볼록해지도록 손질한다. 1~2개의 꽃잎 상단 가장자리에 깊이 약 1.2cm, 너비 약 0.3cm의 둥근 V자 모양으로 자른다.

4 꽃잎을 붙이려면 구부러진 부분 바로 위에 직경 약 1cm 정도의 글루건으로 방울을 짜내 모란 중심 아래쪽에 붙이고 구부러진 부분이 줄기와 맞닿도록 하여 꽃의 밑 부분에 있는 볼록한 부분을 가린다. 브리지스 드림의 경우, JP1과 JP2 꽃잎을 불규칙한 모양으로 꽃 중심에 붙인 다음, JP3와 JP4 꽃잎을 두 번째 줄에 지그재그로 겹쳐 붙이면서 몇 장의 꽃잎은 안쪽 꽃잎 바로 뒤에 중첩시킨다. 바깥쪽의 꽃잎 중 하나를 자연스럽게 보이도록 약간 아래로 구부린다. 줄기와 만나는 곳에 풀칠이 되지 않은 꽃받침을 잘라내고, 잘라낸 부분은 접착제로 부드럽게 붙여 평평하고 덩어리가 진 부분이 없도록 한다.

볼 오브 뷰티의 꽃잎도 비슷하게 붙여 다듬고, 꽃의 절반 부분에는 더 깊이 커핑된 꽃잎을 놓고 나머지 절반에는 평평한 꽃잎을 놓아 꽃이 펼쳐지는 모습을 표현한다. 마무리를 위해 약 0.6cm 너비의 녹색 주름지 조각으로 줄기를 깔끔하게 감거나 그대로 둔다. 꽃의 밑 부분에 대한 자세한 내용은 177페이지를 참조한다.

나팔꽃 morning glory

접착제

글루건과 심

180그램 피콕블루 주름지
(또는 100그램
블루아이리스,
180그램 #555 딥블루,
#600/2 스카이블루 옴브레)

100그램 흰색 주름지

60그램 #296 노란색 주름지
(선택 사항)

둥근 붓 손잡이

연녹색 원예용 테이프

녹색 천으로 감싼
24게이지 꽃철사

잎(203페이지 참조)

표백제(선택 사항)

작은 유리 그릇(선택 사항)

표백 가능한 뾰족한
둥근 붓(선택)

내가 페이퍼 플라워를 작업할 초기에는 푸른빛의 수국과 참제비고깔delphiniums을 수채화로 그리는 작업에 많은 시간을 할애했다. 푸른빛이 감도는 꽃을 페이퍼 플라워로 표현해보려고 했지만 작은 꽃잎과 꽃밥을 입체적으로 표현하기가 어려웠기 때문이다. 나는 17세기 네덜란드 및 플랑드르 화가인 얀 반 하위쉼Jan van Huysum, 얀 다비즈 데 헴Jan Davidz. de Heem 그리고 니콜라스 반 베렌달Nicolaes van Verendael의 정물화에서 피어난 나팔꽃의 푸른 잎을 보고 이 꽃을 종이로 표현해보기를 했다. 어떤 사람들은 이 꽃이 다른 식물을 질식해 죽인다고 표현한다.

나팔꽃은 모든 톤을 푸른색 주름지로 만들어도 자연스러워 보인다. 나는 이 책에서 몇 가지 다른 색을 시도해보았다. 꽃부리 색을 표백해 좀 더 현실적으로 보이도록 노력했고, 암술과 5개의 수술은 철사 몇 조각으로 표현해 미묘한 예술미를 자아내도록 표현했다. 이번 페이퍼 플라워는 여러분의 상상력을 총동원해도 상관없는 작업이니 재밌게 따라할 수 있을 것이다. 푸른색뿐만 아니라 빨간색, 분홍색, 보라색, 흰색으로도 만들어보자.

• 56~57페이지의 도안을 참조하자.

나팔꽃

1 180그램 피콕블루 주름지로 꽃잎을 만들어보자. 56페이지 도안 MG에 맞춰 꽃잎 5장을 자른다. 그리고 꽃잎 2장의 옆면을 접착제로 발라 고정시킨다. 나머지 꽃잎도 옆면에 붙이는데 같은 방향으로 붙여야 한다.

2 원통이 되도록 5장의 꽃잎을 붙이고 붙인 자리 중심선을 잡아 주름을 만든다. 그 안에 붓의 손잡이를 넣은 다음 꽃잎 아래쪽을 비틀어 오므린다. 그리고 꽃의 상단 가장자리를 부드럽게 뒤로 젖혀 손질한다.

3 꽃잎의 이음매가 울퉁불퉁하다면 잘라내면서 둥글게 만든다. 통풍이 잘 되는 곳에서 뾰족한 둥근 붓을 표백제에 담궈 빼고 어느 정도 수분을 정리한 뒤 꽃부리를 칠한다. 꽃잎의 상단 부분까지 표백하지 않도록 주의한 후 꽃잎을 건조시킨다. 꽃잎이 다 마르면 노란색 주름지로 상단이 가늘고 긴 수직으로 잘라 꽃잎 안쪽에 붙인다.

4 약 5cm 길이의 꽃철사 2개와 23cm 길이의 꽃철사 1개를 상단의 약 4cm 정도만 흰색 주름지로 감싼다. 흰색 부분은 그대로 둔 채 3개의 철사를 원예용 테이프로 감싼다. 이때 5cm의 짧은 철사는 23cm인치의 철사보다 아래에 놓는다. 꽃부리의 끝 부분을 자른 뒤 철사를 그 안에 넣고 위로 튀어나온 철사를 구부려 고리를 만들고 글루건으로 철사를 고정한다. 녹색의 원예용 테이프로 꽃부리와 철사를 감아 고정시킨다.

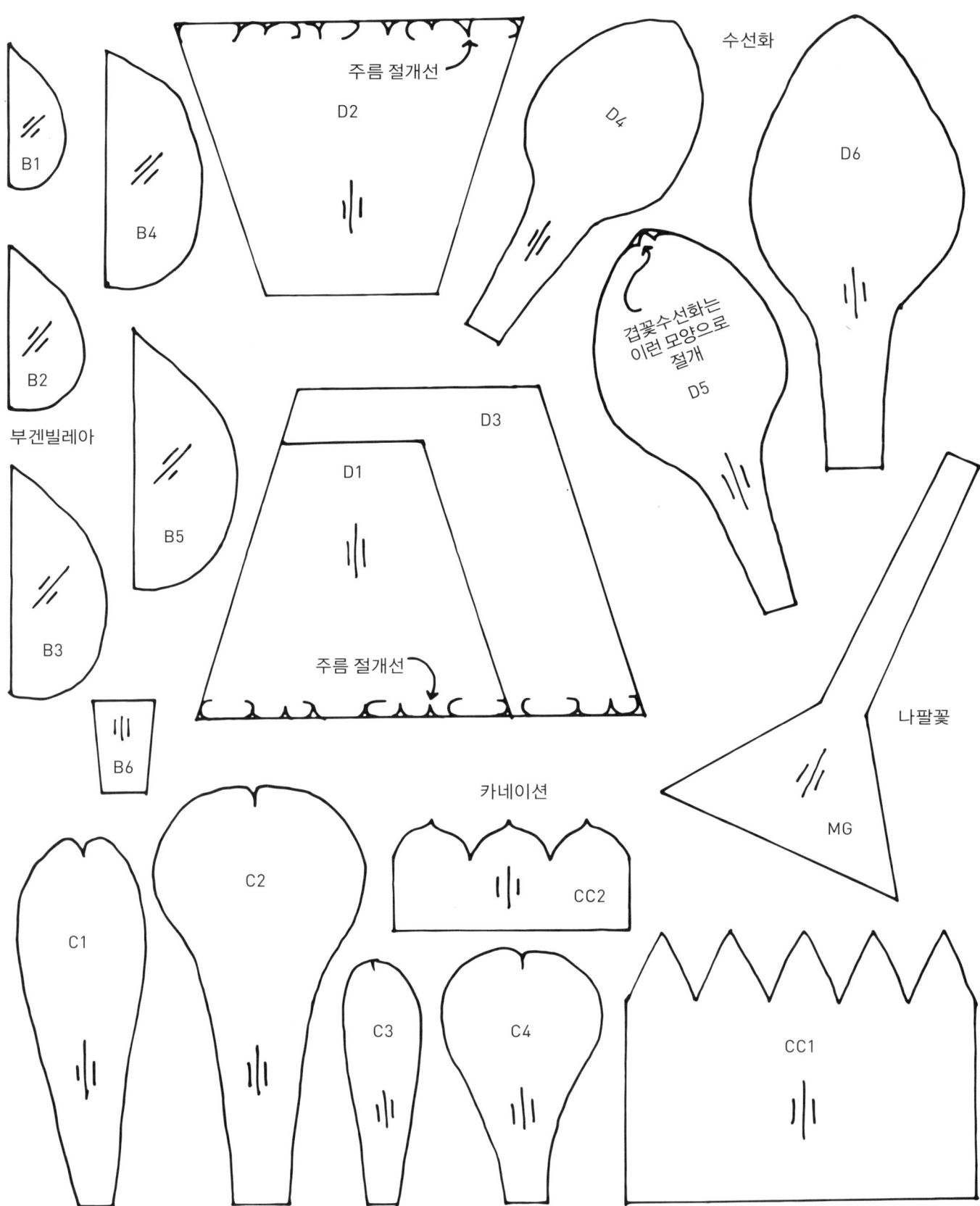

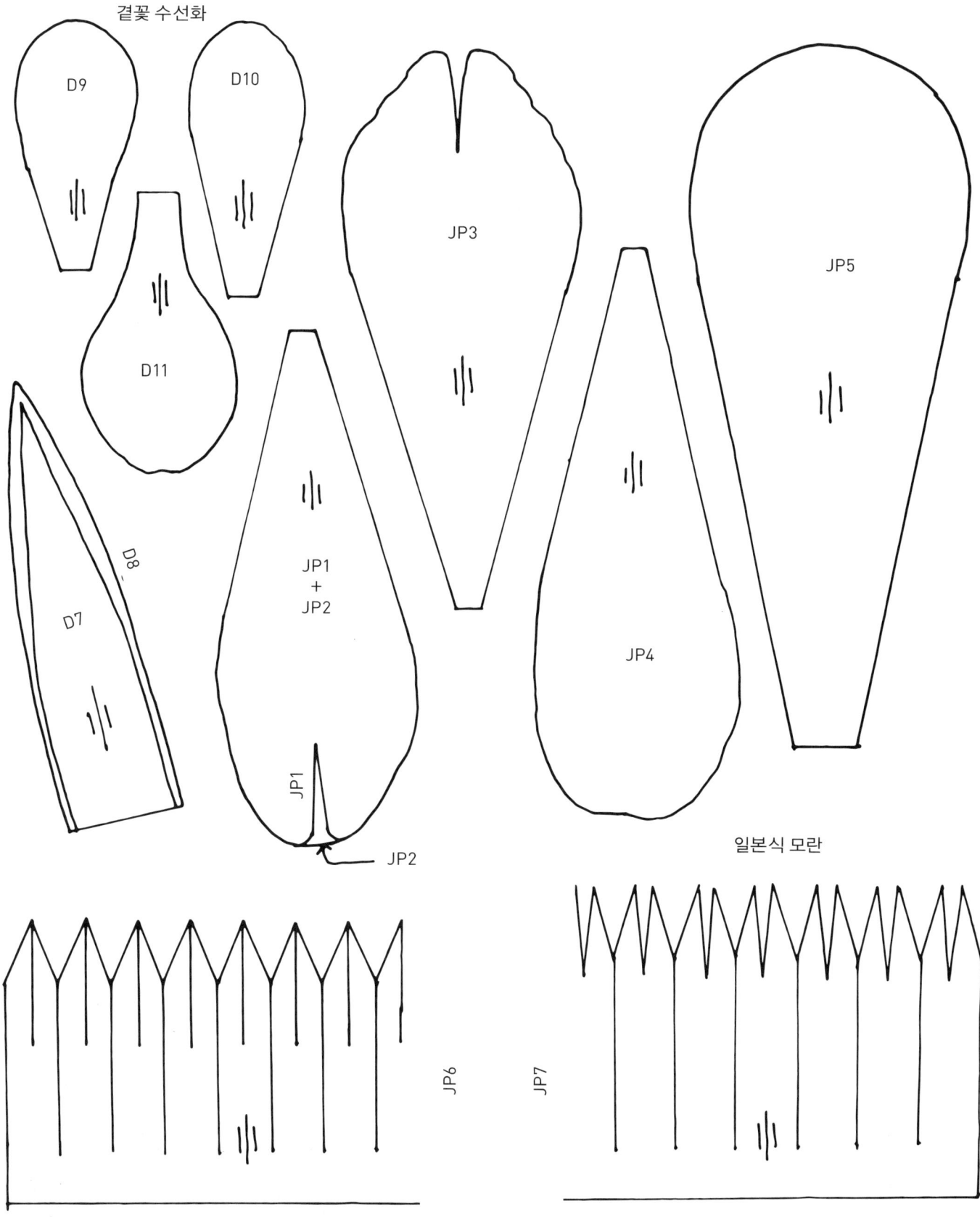

스페셜 테크닉
커피, 잉크 그리고 종이로 물들이는 주름지

이 책에 실린 꽃 대부분은 주름지에 별다른 과정을 거치지 않고 만들 수 있다. 주름지를 물들이는 과정은 필수가 아니라 선택 사항이다. 내 개인적인 작품은 주름지에 커피로 물들이거나 초크로 칠하는 것 외에는 제조업체가 제공하는 그대로의 종이를 사용한다. 그 이유는 매우 단순하다. 작업량을 줄이고 주름지의 색상 범위가 매우 다양하기 때문에 굳이 종이 손질이 필요 없기 때문이다.

하지만 종이를 채색하고 변색시키는 것은 실물 꽃처럼 생생함의 효과를 줄 뿐만 아니라 드라이플라워의 느낌을 줄 수 있다. 주름지를 손질해야 한다면 자르기 전에 작업하는 것이 좋다. 가끔 주름지를 자른 후에 염색하는 것이 더 편할 때도 있지만 난 염색한 종이를 자르는 것이 더 편하다.

여기서 팁 하나를 알려드리고 싶다. 몇 년 전에 운이 좋게도 젖은 주름지를 사용하다 발견한 염색법인데 주름지 자체에서 나오는 염료로 인해 주름지가 염색된 적이 있었다. 꽤나 매력적으로 나온 이 색상은 나를 만족시켰다. 그래서 꽃잎에 색을 입힐 때 난 이 방법을 활용한다.

그리고 주름지를 적셔서 활용하는 방법도 있다. 주름지를 물에 적셔 건조시키면 종이 질감이 변한다. 그 질감에 맞는 꽃을 선택해 작업하면 근사한 페이퍼 플라워 작품이 나올 수 있다. 이제부터 내가 주로 활용하는 종이 손질법에 대한 설명을 하겠다. 여러분도 페이퍼 플라워 작업을 하면서 여러분만의 특별한 방법을 발견해보자. 또 하나의 재미가 될 수 있다. 혹시 손이 염색될 수도 있으니 보호 장갑을 착용하는 것이 좋다.

커피와 차

커피와 홍차는 몇몇 색상의 주름지에 가장 아름다운 톤을 만들어준다. 커피와 홍차는 산호색과 빨간색에 미묘한 깊이를 주고, 밝은 색의 주름지에 바르면 색이 바랜 듯한 갈색을 표현할 수 있다. 커피의 강한 향 때문에 나는 꽃의 가장자리를 어둡게 하거나 꽃잎 또는 꽃받침의 시듦을 표현할 때만 사용한다. 하지만 홍차의 경우 향이 진하지 않고 커피보다 옅게 색을 표현할 수 있다.

차로 다량의 주름지를 염색할 경우 따뜻한 물 4컵에 티백 8개 정도를 우려낸 다음 식힌 후에 사용한다. 누르스름하거나 시든 꽃을 표현하기 위해선 넓은 흰색 주름지에 큰 붓을 사용해 염색한다. 기본적으로 나는 차로 염색한 주름지를 항상 준비해놓는 편이다.

잉크와 수채물감

잉크와 수채물감 농축액은 호환하여 사용할 수 있다. 나는 인디언레드 잉크나 진홍색 수채물감 농축액을 작업대에 구비해놓고 많은 곳에 사용한다. 초록색 잎과 줄기에 가볍게 발라서 자연스러운 모습을 연출할 수 있으며, 수선화 꽃부리 가장자리를 장밋빛으로 표현할 수도 있다. 잉크나 물감을 물이나 커피로 희석하여 붉은 얼룩을 만들어 어두운 색의 종이를 담그거나 색칠하여 더욱 강렬한 광채를 줄 수도 있다. 이 책의 120페이지에서 더 다양한 톤의 잉크와 수채물감에 대해 설명했으니 참조하기 바란다.

초크

나의 두 자녀는 초크로 그림 그리는 것을 좋아하기 때문에 집에 항상 초크가 있다. 그래서 나는 작품에 초크를 사용하기 시작했다. 노란색과 초록색 초크는 블렌딩 붓을 사용하여 꽃의 중앙에 있는 꽃잎에 문지르면 자연스럽게 그러데이션을 할 수도 있고 꽃가루가 떨어지는 모습을 표현할 수도 있다. 나는 반짝이는 광채를 필요로 하는 민들레와 같은 꽃줄기의 원예용 테이프에 노란색 초크를 사용하기도 한다. 흰색 초크는 하이라이트를 위해 나뭇잎이나 어두운 꽃잎에 사용할 수 있고, 분홍색 초크는 복숭아색 또는 베이지색 장미 꽃잎의 구부러진 가장자리에 문지르면 정말 아름다운 결과물을 만들어낼 수 있다.

표백제

나는 표백제를 자주 사용하지는 않지만 표백제는 정말 아름다운 효과를 낸다. 붓으로 꽃의 특정 부분을 바르거나 주름지 롤의 끝 부분을 살짝 표백제에 담궈 건조시키면 옴브레 효과가 난다. 표백제는 여러분이 생각하는 것보다 훨씬 빨리 색을 빼내므로 필요한 면적보다 적게 색을 빼는 것이 좋다. 또한 표백제를 사용할 때는 통풍이 잘 되는 곳에서 작업해야 하며, 안전을 위해 머리나 얼굴을 장식할 페이퍼 플라워에는 사용하지 않는 것이 좋다.

커피와 차

조크

잉크와 수채물감

표백제

종이로 종이를 염색

바크 페이퍼

페이퍼 온 페이퍼 염색

종이 찌꺼기

종이로 종이를 염색

방수성이 없는 대부분의 주름지는 종이를 적셨을 때 아름다운 염료를 내뿜는다. 따뜻한 물에 주름지 몇 조각을 담그면 주름지에서 염색물이 나온다. 이것으로 주름지를 염색할 수 있다. 적은 양을 원할 경우 주름지 조각을 담그면 되고, 많은 양을 원할 경우 큰 종이를 담그면 된다. 이 책에서 각 페이퍼 플라워마다 종이로 종이를 염색할 때의 사용할 물과 양을 정해놓았지만 여러분이 작업하면서 다양한 농도의 색을 뽑아보는 깃도 즐거움이 될 수 있다. 염색할 때는 붓을 사용해서 묻히거나 주름지 롤 전체를 끝 부분에 담가 적신 다음 펼쳐서 건조시키면 된다. 염색물을 뺀 주름지도 활용할 수 있으니 건조시켜서 보관해두자.

페이퍼 온 페이퍼(Paper-on-paper) 염색

페이퍼 온 페이퍼 염색은 어두운 색 주름지 긴 조각을 밝은 색 주름지 위에 놓고 밀대로 함께 말아 이염시키는 방법이다. 이 방법은 주름지의 구석구석을 채우지 않기 때문에 직접 붓으로 칠한 것보다 색이 약하다. 만약 밀대로 인해 주름지가 지저분해질 것 같으면 나무 밀대에 종이를 말기 전에 젖은 종이와 밀대 사이에 왁스를 칠한 종이를 놓는다. 또는 원하는 부위에 숟가락으로 누르는 것도 한 방법이 될 수 있다.

만약 사용하려는 종이가 방수성이 좋다면 쥐어짜서 담궈 색을 뽑아낼 수 있다. 색을 뽑아내려는 주름지를 물에 적신 뒤에 염색하려는 주름지 위에 쥐어짠다. 많은 양의 물이 나오겠지만 그대로 둔 채 건조시킨다. 이때 널어서 건조시키면 염색물이 빠질 수 있기 때문에 그대로 둔 채 색이 충분히 스며들 때까지 기다리면서 건조시킨다.

바크 페이퍼(Bark Paper)

나는 우연히 발명한 바크 페이퍼 방법을 좋아한다. 이것은 나무껍질, 마른 잎, 꽃의 꼬투리를 표현할 때 알맞다. 욕조에 연갈색과 검은색 주름지 롤을 펼쳐 약 20cm 정도 깊이의 물에서 목욕시키면서 이 멋진 기술을 발견했다. 이때 나온 염색물은 양이 상당해 보관하면서 염색할 때마다 사용한다. 그리고 목욕시킨 2개의 주름지 롤은 비틀어 쥐어짠 뒤 화창한 날에 몇 시간 동안 마당에 널어놓았다. 그랬더니 검은색과 회색 소용돌이 모양을 띠면서 빨간색과 따뜻한 갈색의 얼룩이 드문드문 보여 흡사 나무껍질과 유사한 모양으로 변했다. 주름지 롤 전체를 할 필요는 없다. 같의 양의 두 색의 주름지를 사용하면 된다. 중요한 것은 물속에서 두 주름지를 쥐어짠 뒤 최상의 효과를 내기 위해 건졌을 때 한 번 더 쥐어짜는 것이 포인트다.

종이 찌꺼기

초크를 사용하는 것 이외에 떨어진 꽃가루를 표현하는 가장 좋은 방법은 종이 찌꺼기를 사용하는 것이다. 꽃가루를 표현하기 원하는 부위에 접착제를 얇게 바른 뒤 꽃가루를 표현할 종이 조각을 올려놓고 가볍게 문지른 다음 완전히 달라붙기 전에 종이를 벗겨낸다. 이 방법은 양귀비와 같이 꽃가루 종이의 색이 꽃잎 종이의 색보다 어두울 때 가장 잘 표현된다.

내가 가장 사랑하는 장미

지난 몇 년 동안 계속 연구하고 내가 상상할 수 있는 모든 장미의 이미지를 찾으면서 나는 장미로만 이 책을 채울 수 있을 정도로 다양한 방법을 고안했다. 여기서는 다섯 가지의 장미를 만드는 방법에 대해 알아보자. 단순한 믹스 종 티 장미에서 화려한 데이비드 오스틴David Austin 장미까지.

대부분의 장미는 비슷한 꽃잎을 가지는데 이 꽃잎으로 다른 형태의 꽃을 만들 수도 있다. 여러분의 예리한 관찰력과 이 책에서 제시하는 방법을 통해 집안이나 정원을 꾸밀 수 있는 장미를 아름답게 만들 수 있을 것이다. 더불어 실제 장미를 분해하는 것도 많은 도움이 될 것이다. 하지만 주름지 모양을 잡고 늘리는 동안 여러분이 만드는 꽃잎은 견본보다 커질 것이다. 그래서 사이즈에 맞게 작업하는 것이 좋다. 그리고 머릿속에서 형상화한 장미 이미지만 고수한다면 작업물을 특별하게 만들 수 있는 작은 부분을 놓칠 수 있으니 항상 실물을 보거나 생각하면서 작업하는 것이 좋다. 장미 꽃봉오리, 이파리, 꽃받침을 만드는 법은 196페이지를 참조하자.

하이브리드 티 장미
아이스버그
플로리분다 장미
2가지 방법의
잉글리시 장미
내가 제일 좋아하는 장미,
또는 거대한 로사 펄 로드
도안 및 가이드

하이브리드 티 장미 hybrid tea rose

접착제

노란색/복숭아색
(혹은 다른 두 가지 색상의)
더블렛 주름지

180그램 #562
더스티 그린 주름지

혼합 붓

모드포지

딥 핑크
또는 연보라색 초크

연녹색 원예용 테이프

녹색 천으로 감싼
16게이지 꽃철사

잎(203페이지 참조)과
꽃봉오리(196페이지 참조)

하이브리드 티 장미는 어디서든 볼 수 있다. 태양이 빛나는 동안 장미는 피어오를 테니 말이다. 이 장미는 꽃잎 수가 적고 빠르게 벌어지는 꽃병 모양의 중심부를 가지고 있다. 하나의 긴 줄기나 이파리, 꽃봉오리 한두 개만 추가해도 예쁜 장식이 된다. 이 단락의 하이브리드 티 장미는 노란색과 복숭아색 또는 노락색과 라이트 살면 양면 주름지를 사용한다. 여기서 주의할 점은 두 개의 색을 가진 양면 주름지를 사용할 때 꽃잎이 어떤 색으로 나타날지 확인해야 한다는 것이다. 그리고 각 꽃잎의 위치를 변경하거나 추가할 수도 있다. 만약 꽃잎이 정사각형이 되어버렸다면 꽃을 붙이기 전에 다듬도록 한다. 진하게 탄 블랙커피로 양면 주름지를 칠하면 장미 꽃잎을 매우 자연스럽게 만들 수 있다. 연분홍색과 자두색 양면 주름지에 커피를 사용한다면 믹스종 줄리아 로즈 hybrid Julia Rose와 흡사한 카페오레 색을 낼 수 있다. 또 122페이지의 닐 다이아몬드 Neil Diamond도 만들 수 있을 것이다. 내구성을 높이기 위해 무거운 종이를 사용할 수도 있지만 늘어지는 특성 때문에 꽃잎이 커지고 뒤틀릴 수도 있기 때문에 적당하게 다듬는 과정이 필요하다.

• 88~89페이지의 도안을 참조하자.

하이브리드 티 장미

1 먼저 줄기를 만들어보자. 철사 상단 적당한 지점에서 S모양의 곡선을 만든다. 그런 뒤에 곡선을 원예용 테이프를 감아 너비 약 1.2cm, 높이 약 2cm 안 될 정도의 꽃봉오리를 만들고, 약 0.6cm 가량 철사가 드러나게 한다. 다음으로 노란색과 복숭아색 양면 주름지를 사용해 꽃잎을 만들어보자. 88페이지 도안에 맞춰 HR1 3장, HR2 3장, HR3 12장을 자른다. 그런 뒤에 복숭아색 면의 상단 4분의 1을 진한 분홍색 초크로 색칠하고 붓으로 블렌딩한다. HR1 3장은 노란 면 윗부분을 가볍게 늘리고 구부려 모자 핀으로 고정한다.

2 철사로 만든 꽃봉오리에 HR1 3장을 붙이는데 첫 꽃잎을 철사 바로 위쪽에 놓고, 두 번째 꽃잎은 첫 번째 꽃잎 맞은편 위에 놓고, 세 번째는 두 번째로부터 약 0.3cm 가량 떨어지게 놓은 뒤 가볍게 접착제로 고정시킨다. 꽃잎을 붙일 땐 전의 꽃잎보다 아주 살짝 위에 붙인다. 그리고 각 꽃잎의 윗부분 중심을 살짝만 V자 모양으로 절개하고 꽃잎이 살짝 굽히도록 매만진다. 그런 뒤에 HR2 3장의 꽃잎을 차례대로 부착하는데 HR1 꽃잎에서 살짝 떨어지도록 한다. 그리고 살짝 어긋나게 부착한다.

3 다음으로 HR3 꽃잎 3장을 붙여보자. 이때도 약간 어긋나게 붙이는데 좀 더 세심하게 표현하자면 첫 번째 꽃잎은 4시 30분 방향으로, 다음 꽃잎은 10시 30분 방향으로, 세 번째 꽃잎은 다시 4시 30분 방향으로 왼쪽 끄트머리를 느슨하게 하면서 붙인다. 모든 꽃잎 길이는 비슷하지만 붙일 때는 이전 꽃잎보다 살짝 올라가게 한다.

4 HR3 꽃잎 2장을 추가로 붙이는데 이때 옆 부분을 살짝 굴리고 윗부분을 뒤로 젖혀 아래로 향하게 한다. 첫 번째 꽃잎을 12시 방향에, 두 번째 꽃잎을 7시 30분 방향으로 느슨하게 부착한다. 이때 꽃잎이 벌어지는 형태를 취하기 위해 뒤로 젖힌 꽃잎과 젖히지 않은 꽃잎의 높이가 비슷해야 한다.

5 HR3 꽃잎 2장을 모자 핀으로 반으로 접어 굴곡을 만든다. 그런 뒤에 첫 번째 꽃잎을 1시 30분 방향에, 다른 1장은 상단 부분을 가볍게 구기고 펴서 꽃잎을 더 뒤로 젖혀서 살짝 너덜너덜해진 상태로 만든 뒤에 7시 방향으로 부착해 꽃잎이 열린 형태를 띠게 한다.

6 HR3의 나머지 꽃잎은 위의 방법처럼 붙인다. 이때 꽃잎을 구겼다가 다시 펴 끝 부분을 뒤로 단단하게 말아 놓은 상태로 만든다. 각각 2시와 4시 방향, 12시와 9시 30분 방향, 7시 방향으로 부착하면서 평평한 형태를 유지한다.

7 줄기 부분을 만들어보자. 180그램 #562 더스티 그린 주름지를 약 3cm 안 되게 89페이지 도안 CLX1에 맞춰 자른다. 분홍 초크가 섞인 모드포지로 뾰족한 부분을 칠한다. 꽃잎 아랫부분을 균일한 간격으로 풀칠하고 줄기를 붙이는데 색을 입힌 부분이 위를 향하게 한다. 그리고 줄기를 조심스럽게 굽혀 아래를 향하게 하고, 맨 끝부분을 살짝 구부려 위로 향하게 한다.

8 줄기 부분을 원예용 테이프로 감고 원하는 만큼 한 개 혹은 다수의 이파리와 꽃봉오리를 추가한다.

아이스버그 플로리분다 장미
iceberg floribunda rose

접착제

100그램 옐로오렌지 주름지

180그램 #575 밝은 노란색 주름지

흰색 더블렛 주름지

180그램 #567 연한 갈색 주름지(선택 사항)

180그램 모스 그린 주름지

레몬옐로 초크

혼합 붓

녹색 천으로 감싼 20게이지 꽃철사

녹색 원예용 테이프

잎(203페이지 참조)과 꽃봉오리(196페이지 참조)

이 책을 통해 내가 하얀 색과 노란 색의 보석 같은 아이스버그 플로리분다 장미를 사랑하는 사람이라는 것을 분명히 알게 될 것이다. 이번 단락에서는 생생한 장미를 만들기 위해 내가 고안한 기법을 알려줄 것이다. 이 기법은 페이퍼 플라워로 만드는 모든 종류의 장미에 적용할 수 있다. 이 장미의 꽃잎은 풍성해 보여 그 자체로 사랑스럽지만 더 큰 효과를 얻기 위해서는 배치를 잘해야 한다. 장미는 꽃잎이 많은 꽃으로 배치법에 따라 아름다움이 달라진다. 원의 형태를 취하면서 풍성하게 보이는 것이 포인트다. 아이스버그 플로리분다 장미는 꽃잎 뒤에 다른 꽃잎을 뒤에 놓지 않는 것이 핵심이다. 이때 조심하지 않으면 동백꽃으로 보일 수 있다. 특히 이 장미의 꽃잎을 절개할 때 하나씩 잘라내는 것이 중요하다. 그렇게 해야만 꽃잎이 좌우대칭이 되고 크기가 균일해진다. 줄기 부근의 꽃잎의 너비는 꽃잎 바닥이 꽃을 감싸지 않도록 작아야 한다.

• 88~89페이지의 도안을 참조하자.

아이스버그 플로리분다 장미

1 먼저 꽃의 수술 부분을 만들어보자. 100그램 옐로 오렌지 주름지를 높이와 길이가 약 3.2cm, 약 9cm에 맞게 자른다. 자른 주름지 상단 약 0.6cm 위치에 접착제를 바른 후 3~4번 말아 접고 그 부분만 자른다. 180그램 #575 밝은 노란색 주름지를 높이와 길이가 약 3.2cm, 약 9cm에 맞게 자른 뒤에 상단 부분에 오렌지 주름지로 만든 테두리를 붙인다. 잘 부착되기를 기다렸다가 작은 가위로 약 0.5cm 간격으로 미세하게 자른다. 줄기 철사 상단 약 1.2cm 지점을 밝은 노란색 주름지로 덮고 그 반을 접는다. 만들어놓은 수술을 길이 약 3cm로 자르고 나머지 수술은 다른 장미를 만들 때 활용한다. 엄지와 검지로 수술을 모아 단단하게 말고 철사 고리 상단 부분의 중간 지점에 부착한다.

2 흰색 더블렛 주름지를 88페이지 도안 IFR1 2장과 IFR2 3장을 자른다. IFR1과 IFR2 꽃잎 상단 부분을 구부리고 주름을 잡는다. 각각 다른 형태로 구부리고 주름을 잡아 꽃잎이 균일해지지 않도록 한다. 어떤 꽃잎은 더 구부리고, 어떤 꽃잎은 주름을 덜 잡아 자연스러운 형태를 취하게 한다. 그리고 모든 꽃잎의 끝 부분을 접착제로 발라 비벼 모아준다. 그리고 각 꽃잎의 하단 약 0.6cm 정도에 레몬옐로 초크를 살짝 칠해준다.
각 꽃잎의 하단 부분을 굽혀 45도 각도로 위로 향하게 하여 꽃의 중심부에 부착한다. 사진의 꽃잎 배치도를 따르고 싶다면 IFR1 꽃잎을 2시에, 다른 꽃잎을 1시 30분 방향에 둔다. 3장의 IFR2 꽃잎은 2시 30분, 4시, 10시 30분 방향에 둔다. 모자 핀이나 꼬치로 수술 끝을 휘게 하고, 꽃술을 헝클어뜨려 다양한 방향으로 가게 한다.

3 흰색 주름지에서 88페이지 도안 IFR3 꽃잎을 6장 자른다. 상단 부분의 각 면을 살짝 주름지게 하고, 꽃잎의 뒷면을 군데군데 오목하게 만든다. 상단 모서리 중간 부분에 깊은 굴곡을 만든다. 꽃잎 하단을 접착제로 발라 비벼 모은 뒤 레몬옐로 초크를 칠한다. 각 꽃잎의 하단 부분을 휘게 하고 3시, 6시 30분, 7시 30분, 9시, 10시 30분, 12시 위치에 맞춰 꽃잎을 접착제로 부착한다. 접착제로 붙이기 전에 보기 좋은 위치의 각을 잡아보는 것도 좋다. IFR2 꽃잎을 덮어 IFR3 꽃잎이 자연스럽게 자리 잡도록 한다.

4 흰색 주름지에서 88페이지 도안 IFR4 꽃잎을 13장 자른다. IFR3 꽃잎과 같은 방법으로 하단 부분을 모은 뒤에 굴곡진 부분, 물결 부분, 굽힌 부분, 뜯겨져 나간 부분을 더 분명하게 손질한다. 밑 부분을 휘게 하고 12시 30분, 5시 30분, 4시 30분, 7시 30분, 8시 30분, 11시 30분 방향에 맞춰 꽃잎을 부착한다.

5 IFR4의 나머지 꽃잎 7장은 12시, 1시 30분, 3시 30분, 7시, 10시 방향에 맞춰 부착한다. 이때 자연스럽게 꽃잎이 꽃잎을 덮게 조정한다. 여기서 꽃잎이 부족해 보인다면 몇 개 더 추가해도 좋다. 완전한 꽃봉오리를 꽉 쥐어 최대한 완벽해 보이도록 울퉁불퉁한 부분을 잘라낸다.

6 장미는 꽃무리로 자라기 때문에 다양한 형태로 만들어도 좋다. 이미 만개한 장미를 표현할 경우에는 노란 꽃술 대신 180그램 #567 연갈색 주름지로 대체한다.

7 이번에는 꽃받침을 만들어보자. 약 3.2cm, 약 5cm 크기의 180그램 모스 그린 주름지를 5번 접어서 89페이지 도안 CLX1에 맞춰 자르고, 종이를 펼치기 전에 동글동글 말도록 한다. 각 꽃받침 하단의 넓은 부분을 오목하게 모은다. 그리고 0.3cm 정도 위치에 풀을 칠하고 꽃받침을 꽃잎 하단에 부착한다. 꽃받침이 꽃에서 떨어지지 않도록 조심하면서 꽃잎 하단과 줄기 부분을 모스 그린 주름지로 감싼다.

꽃의 가지를 만들어보자. 3개의 장미 줄기를 삼지창 모양으로 모아 모스 그린 주름지로 감싼다. 교차점으로부터 몇 센티미터 아래에 줄기를 추가하고 필요하다면 장미를 하나 더 추가해도 좋다. 연녹색 원예용 테이프로 감은 올리브그린 더블렛 장미 잎에 진홍색 수채물감 농축액을 살짝 바르면 모스 그린 주름지로 감은 장미 줄기와 잘 어울릴 것이다. 더 밝은 느낌을 내기 위해 잎과 꽃받침의 색을 같게 해도 좋다.

8 장미는 종종 가지 끄트머리에 경쟁하듯 피기 때문에 뭉텅이로 꽂아 태양을 향하는 형태로 만들도록 한다. 잎은 203페이지를 참조하고 꽃봉오리는 196페이지를 참조하자.

2가지 방법의 잉글리시 장미
english roses two ways

접착제
글루건과 심
180그램 #600/4 장미
옴브레 주름지
꽃받침과 줄기에 어울리는
녹색 주름지
녹색 천으로 감싼
16게이지 꽃철사
연녹색 원예용 테이프
플라스틱 달걀
또는 속을 비운 달걀
잎(203페이지 참조)
갈색 원예용 테이프
(선택 사항)

나는 식물학자도 아니고 장미 전문가도 아니다. 그래서 내가 좋아하는 잉글리시 장미의 정확한 명칭을 모른다. 유명한 장미 원예가인 데이빗 오스틴 David Austin은 에이 슈롭셔 래드 A Shropshire Lad와 윌리엄 모리스 William Morris 장미의 접힌 정도와 미묘한 색상 혹은 꽃잎 가장자리의 주름 정도로 그 차이가 나뉜다고 했다. 그래서 이번 단락에서는 잉글리시 장미 I과 잉글리시 장미 II를 만들어보기로 했다.

이 두 가지 장미는 색깔이나 꽃잎을 처리하는 방법을 조금만 조정해 다양한 잉글리시 장미를 만들 수 있다. 잉글리시 장미 I은 플라스틱 달걀을 활용하면 더 보기 좋은 꽃의 형태를 만들 수 있다. 조금 더 욕심을 내자면 속을 비운 실제 달걀을 사용해도 좋다. 옴브레 주름지를 활용할 때는 밝은 색상을 이파리 위쪽으로 놓아야 한다. 나는 대체로 꽃잎이 몇 장 필요한지를 명시하는 편이지만 이번 작업은 장미 모양에 따라 달라질 것 같아 제시하지 않았다. 여러분이 작업할 때는 최대한 꽃잎 배열에 따르는 것이 좋지만 모양에 따라 적절하게 꽃잎을 생략하거나 추가하는 것도 더 좋은 선택이 될 것이다.

• 88~89페이지의 도안을 참조하자.

잉글리시 장미 I

1 먼저 꽃잎을 만들어보자. 장미 옴브레 주름지에서 88페이지 도안 ER1에 맞춰 분홍색 꽃잎 60장, 하얀색 꽃잎 30장을 자른다. 엄지손톱으로 90장의 꽃잎을 반으로 접은 뒤 펼쳐 주름을 잡는다. 하얀색 꽃잎 20장은 4단계에서 사용하니 분리한다.

2 꽃잎 70장을 2~3장 혹은 10장으로 모아 꽃잎 묶음을 만든다. 이것은 장미의 중심부에 사용할 것이다. 꽃잎 하단 부분에 접착제를 바르고 뭉쳐지도록 부착하는데 꽃잎 색이 섞이지 않도록 한다. 꽃잎 묶음을 모자 핀으로 꽃잎의 4분의 1 정도로 접었다가 펼쳐 구기고 다시 중간 부분에 주름을 잡는다. 5개의 묶음씩 접착제로 붙이는데 최대한 꽃잎이 수직이 되게 한다. 일부 묶음을 다른 묶음 안에 넣거나 묶음을 서로 마주보게 하는 등 자연스런 형태를 취하게 배열한다. 장미의 중심부가 하얀색이 아니라 분홍색이 되도록 전략적으로 배치한다. 녹색 꽃철사 상단을 구부려 작은 고리로 만들어 줄기와 꽃잎 뭉치 하단을 글루건으로 부착한다.

3 남은 꽃잎을 2단계와 비슷하게 부착한다. 중심부가 동전 크기 정도 되면 비뚤어지더라도 꽃잎을 약 0.6cm 정도 높게 부착한다. 접힌 꽃잎을 안쪽이나 옆쪽을 향하게 하면서 빈 틈을 메운다. 지름 약 5cm 정도의 오목한 꽃잎 묶음으로 조정하고 하단 부분을 꽉 잡고 접착제를 바른 분홍색 주름지로 둘러싸며 고정한다.

4 달걀의 잘린 테두리를 분홍색 주름지로 덮는다. 1단계 사진처럼 상단 부분을 자른 달걀에 줄기가 들어갈 만한 구멍을 낸 다음 그 안에 줄기를 넣고 달걀 속에 꽃잎이 들어가게끔 넣는다. 줄기와 맞닿는 달걀 바로 아랫부분을 연녹색 원예용 테이프로 감아 고정시키고 달걀 상단 부분에 접착제를 바른다. 1단계에서 남겨두었던 ER1 꽃잎을 모자 핀을 이용해 끝 부분을 가볍게 말아 적당하게 주름을 잡은 뒤에 하단

부분을 일정하게 붙인다. 한 줄을 다 붙였으면 다음 줄은 살짝 아래에 붙인다. 달걀을 다 덮을 정도로 붙이는데 너무 규칙적으로 보이지 않도록 부착한다.

5 장미 옴브레 주름지에서 88페이지 도안 ER2에 맞춰 20장을 자른다. 하얀 면을 구긴 뒤 모자 핀을 이용해 가볍게 끝부분을 말아준다. 하얀 면의 중간 부분을 풀칠하고 두 줄로 붙이는데 첫 줄은 다음 줄에서 약 0.15cm가량 아래로 내려오게 한다. 대각선 모양의 경사를 이루는데 이때 꽃잎 배열이 너무 규칙적으로 보이지 않도록 배치한다.

6 장미 옴브레 주름지에서 88페이지 도안 ER3에 맞춰 분홍색 꽃잎 28장을 자른다. 위의 방법과 똑같이 꽃잎을 모자 핀으로 반으로 접고 펼쳐서 구부려 생화처럼 보일 수 있게끔 손질한다. 5단계처럼 줄 간격을 두면서 부착한다.

7 장미 옴브레 주름지에서 88페이지 도안 ER4에 맞춰 꽃잎을 20장을 자른다. 6단계의 꽃잎 손질 방법과 같이 손질한 다음 이전 줄 조금 아래에 부착한다.

8 장미 옴브레 주름지의 하얀 부분에서 88페이지 도안 ER5에 맞춰 꽃잎 8~20장을 자른다. 하단 부분을 늘리고 각 꽃잎을 오목하게 만든다. 꽃잎 손질 방법은 각 단계마다 비슷하다. 다만 실물을 보면서 그에 비슷하게 주름을 잡거나 늘리거나 오목하게 만든다. 꽃잎 아랫부분에 접착제를 발라 두세 줄 위의 방법과 같이 부착한다. 이때 서로 겹치지 않게 붙여야 한다. 만약 꽃받침과 줄기는 196페이지를 참조하면서 만들어보자.

잉글리시 장미 II

1 먼저 꽃잎을 만들어보자. 장미 옴브레 주름지에서 89페이지 도안 ER6에 맞춰 21~24장을 자른다. 2장의 꽃잎을 묶은 것 2개, 3장의 꽃잎을 묶은 것 5~6개를 만든다. 각 꽃잎은 약 2mm씩 떨어뜨려 꽃잎 하단에 접착제를 발라 붙인다. 각 묶음은 오목하게 만들어 접고 내부 1.5cm 정도 되는 지점에 풀칠해 중간을 꼭 잡아 모은다. 각 묶음과 낱개 꽃잎 양면을 모자 핀으로 접어 구긴다.

2 꽃잎 중심을 엄지손톱으로 눌러 묶음을 다시 펼친다. 꽃잎 묶음과 낱개 꽃잎을 하단에서 1.5cm 정도 떨어진 지점에서 45도가량 뒤로 젖힌다. 그런 다음 꽃의 가장자리와 상단을 가위로 다듬는다. 89페이지의 도안 ER10와 비슷하게 비스듬히 자른다. 일부는 꽉 닫힌 형태로, 일부는 만개한 형태로, 일부는 그 중간 정도로 다듬는다.

3 줄기를 만들어보자. 줄기 철사의 맨 위에 작은 고리를 만들고 휜 꽃잎 뭉치의 아랫부분을 철사의 상단 약 1.3cm 정도에 접착제를 발라 줄기와 꽃잎을 부착하고 꽉 쥔다. 일부 묶음은 살짝 위쪽으로 향하게 하고 나머지는 옆으로 향하게 한다. 그런 뒤 다시 한 번 1~2분가량 꽃잎과 줄기를 꼭 쥐어 단단히 고정한다.

4 작은 가위를 이용해 꽃잎을 다듬는다. 이때 줄기와 꽃잎이 느슨해져 있다면 원예용 테이프로 줄기를 감싸 고정시킨다. 그런 다음 장미 옴브레 주름지에서 89페이지 도안 ER6에 맞춰 24장을 자른다. 각 꽃잎 중심부를 오목하게 만들고 상단을 3mm가량 V자로 절개하고 모자 핀으로 살짝 구부린다. 그리고 각 꽃잎 하단 약 1.5cm 지점에 풀칠을 하고 3단계의 꽃잎 하단에 부착한다. 이때 가장 안쪽 ER7 꽃잎 끝은 바깥 ER6 꽃잎 끝의 높이와 같아야 한다. 꽃잎을 부착할 때 일부를 접혀두거나 끼워둔 상태로 채운다. 가능하다면 바깥 꽃잎의 하단을 안쪽 꽃잎 뭉치의 하단에 끼워 넣어 고정시킨다. 만

약 꽃잎 층 사이에 큰 틈이 생긴다면 접착제로 틈을 메운다.

5 ER7 꽃잎으로 4단계의 과정을 반복하면서 둥근 형태를 유지한다. 꽃의 지름은 9cm 정도가 적당하다.

6 장미 옴브레 주름지에서 89페이지 도안 ER8에 맞춰 12~14장 자른다. 각 꽃잎의 중심을 오목하게 만들고 상단 중심에 3mm 정도 V자 형태로 절개한다. 각 꽃잎 끄트머리를 늘려 모자 핀으로 구부린 뒤 꽃잎 하단에 두 줄로 부착한다. 하단이 접착제로 젖어 있다면 글루건을 사용한다. ER8 꽃잎 윗줄은 아래 꽃잎에서 약 6mm 정도 떨어져 나와 있어야 한다. 균일해 보이지 않도록 각 꽃잎을 기울이면서 다듬는다. 더 필요하다면 추가로 꽃잎을 부착할 수 있다. 이때의 꽃의 지름은 약 10cm 정도로 한다.

7 장미 옴브레 주름지 밝은 부분에서 89페이지의 도안 ER9에 맞춰 24장을 자른다. 꽃의 중심부를 오목하게 만들고 윗부분을 늘려 넓힌다. 상단 가장자리를 날카로운 약 6mm 정도 V자 모양으로 절개한 뒤 나무 꼬치로 꽃잎 옆 부분을 말고 그 하단 부분을 늘려 꽃잎을 부풀린다. 꽃잎을 그 하단부로부터 약 3mm 지점을 휘게 해 글루건으로 고정한다. 첫 줄은 위쪽으로 오목한 형태를 띠어야 하며 위쪽의 꽃잎과 가까워야 한다. 아래쪽 줄은 바깥과 아래쪽을 향한 형태로 다듬는다. 이때 꽃잎 줄은 느슨하게 떨어진 상태로 부착해야 하며 위의 줄로부터 약 1~3mm 정도 튀어나오게 배치한다. 그런 다음 전체적으로 모양을 다듬는데 보기 흉하게 나온 부분은 가위로 잘라낸다.

8 만약 꽃받침을 원한다면 196페이지를 참조하면서 만들어보자. 89페이지의 도안 CLX1과 녹색 주름지를 활용하면 쉽게 만들 수 있을 것이다.

내가 좋아하는 장미, 또는 거대한 로사 펄 도르
my very favorite rose (OR, A VERY LARGE ROSA PERLE D'OR)

접착제

연분홍/살구색
더블렛 주름지

라이트 새먼/밝은 장미색
더블렛 주름지

오렌지/레드오렌지
더블렛 주름지

180그램 #600/1 라즈베리
옴브레 주름지

오렌지색 얇은
홑겹 주름지 폴드

180그램 #568
진갈색 주름지

진홍색 수채물감 농축액

넓고 단단한 붓

녹색 천으로 감싼
16게이지 줄기 철사

잎(203페이지 참조)

크기가 조금 큰 오렌지빛을 띠는 펠레를 닮은 이 꽃은 내가 좋아하는 장미의 형태와 색의 혼합물이다. 이 페이지에서 만든 꽃은 몇 년 전 사진으로 본 덩굴장미를 기반으로 만들었다. 이 꽃은 이 책에 포함한 것 중 가장 야생적인 느낌이 든다. 여러분은 내가 정신이 나갔을 것이라고 생각할 수도 있을 테지만 나는 이 꽃의 야생적인 면을 작품에 담아내고 싶었다. 그리고 야생적 움직임과 색상의 깊이를 표현하기 위해 많은 노력을 기울였다. 이번 작업과 관련해서 꽃의 중심 부분만 잘 만들면 그 외는 쉽게 진행이 될 것이고, 완성되면 꽃의 아름다움이 여러분을 압도할 것이다.

이 작업에서 사용할 라미네이트 종이는 주름지를 2장 붙인 후 가급적 바로 사용해야 한다. 그렇지 않으면 너무 뻣뻣해져 손질하기가 어려워진다. 하지만 주름지를 붙인 후에 바로 자르면 종이가 젖은 상태기 때문에 가위질이 어려워진다. 그러니 5분 정도 기다린 뒤 절개 작업을 한다. 그리고 라미네이팅이 된 꽃잎의 오렌지색 면은 항상 바깥쪽을 향해야 한다. 이 장미는 너무 아름답기 때문에 꽃받침을 만들지 않아도 되지만 원한다면 만들어도 좋다.

• 88~89페이지의 도안을 참조하자.

로사 펄 도르

1 먼저 줄기를 만들고 꽃잎을 만들어보자. 줄기 철사의 상단 약 6~7mm를 아래로 구부린다. 연분홍/살구색 더블렛 주름지에서 89페이지 도안 PDOR1에 맞춰 꽃잎 10장을 자르고 여분의 종잇조각으로 철사 끝부분을 감싼다. 꽃잎 10장 모두 커핑하는데 그중 2장은 연한 쪽이 바깥으로, 나머지는 연한 쪽이 안으로 들어가도록 한다. 그런 다음 꽃잎 아랫부분을 모아 접착제로 붙인다. 연한 쪽이 바깥으로 커핑된 2장의 꽃잎을 함께 겹쳐서 줄기 상단 1~2mm 되는 지점에 꽃잎의 오목한 부분이 안으로 향하게 붙인다. 다른 꽃잎 아랫부분은 엄지 손톱으로 그어 깊은 주름을 만든 뒤 꽃잎 2장을 줄기 2~3cm 지점에 붙인다. 꽃잎 2장을 쌍으로 여러 개 만들어 모자 핀을 활용해 옆면을 구기고 중앙에 주름을 만든 뒤에 앞서 중첩된 꽃잎 맞은편에 정렬해 붙인다. 이때 1쌍은 꽃잎 중간 지점에 가로로 붙인다. 그리고 쌍이 아닌 꽃잎을 적당하게 부착한다.

2 연분홍/살구색 더블렛 주름지에서 89페이지 도안 PDOR2에 맞춰 꽃잎 3장을 자르고, 라이트 새먼/연한 장미색 주름지에서 1장, 오렌지/레드오렌지 주름지에서 1장, 180그램 #600/1 라즈베리 옴브레 주름지 롤의 끝 약 15cm 지점에서 1장을 자른다. 어두운 면을 안쪽으로 하여 3장의 연분홍색 꽃잎을 커핑하고, 모자 핀을 따라 가장자리를 구긴 다음 중심을 따라 주름을 만든다. 꽃잎 1장은 6시 방향으로, 1장은 8시 방향으로 모아 끼워 넣고, 접힌 면을 안쪽으로 하고 위의 잎은 가장 높은 꽃잎과 높이를 맞춘다. 나머지 1장은 9시 방향에 놓고, 앞의 꽃잎 쌍보다 약 6mm 낮게 붙인다. 라이트 새먼/밝은 장미색 더블렛 주름지에서 자른 꽃잎 1장을 장미색 면이 바깥으로 가게 커핑하고, 꽃의 중앙 부분 10시 30분 방향으로 밀어넣어 가장 높은 꽃잎과 높이를 맞춘다. 나머지 색의 꽃잎 2장은 어두운 쪽을 바깥으로 놓고 커핑한 뒤에 상단 가장자리 중심을 작은 V자 모양으로 잘라낸다. 오렌지색 꽃잎 상단 약 6mm 지점에서 컬링하고 모자 핀을 따라 뒤로 구부린 다음 손가락으로 매끄럽게 마무리한다. 이 꽃잎은 가장 높은 꽃잎보다 약 3mm 아래 2시 방향으로 붙인다. 라즈베리 주름지 꽃잎 상단 가장자리를 비스듬히 뒤로 컬링한 후 오렌지/레드오렌지 꽃잎 약 3mm 아래 3시 방향으로 붙인다.

3 라이트 새먼/밝은 장미색 더블렛에서 89페이지 도안 PDOR2에 맞춰 꽃잎 6장을 자르고, 연분홍/살구색 더블렛 주름지에서 3장을 자른다. 밝은 장미색 꽃잎 3장은 장미색 면을 바깥으로 커핑하고 꽃잎 하단을 말아준 뒤 가장 아래에 위치한 꽃잎 위 7시 방향으로 2장의 꽃잎을 끼워 넣고, 다른 1장은 앞의 꽃잎보다 1~2mm 위 4시 방향으로 붙인다. 나머지 꽃잎은 가장 높이 위치한 꽃잎으로부터 약 1cm 아래 8시 방향으로 끼워 넣는다. 마지막 꽃잎 2장은 장미색 면을 바깥으로 상단 약 1cm 잘라내고 꽃잎 하단을 말아준 뒤 꽃 중심 1시 30분 방향에 놓고 바깥쪽을 향하게 붙인다. 연분홍/살구색 꽃잎 3장은 연분홍색 면을 안쪽으로 커핑한다. 이중 꽃잎 상단은 V 모양으로 자르고 그 부분을 아래로 컬링한 다음 가장 높이 위치한 꽃잎 약 1cm 아래 6시 방향으로 붙인다. 1장의 꽃잎은 반으로 자른 뒤 커핑하고 아래쪽을 모은 다음 접힌 쪽이 안쪽으로 향하도록 10시 30분 방향으로 중앙의 꽃잎 쌍보다 약 3mm 위에 붙인다. 마지막 꽃잎은 연분홍색 꽃잎과 함께 있는 오렌지색 꽃잎 바로 안쪽 1시 방향으로 붙인다.

4 라즈베리 옴브레 주름지 롤 끝에서 약 15cm로부터

89페이지 도안 PDOR1에 맞춰 꽃잎 3장을 자른다. 2장은 안쪽으로 부드럽게 구부리고 하단 부분을 말아 가장 높은 꽃잎에서 약 6mm 아래 11시 방향으로 약간 엇갈리게 부착한다. 마지막 꽃잎을 커핑하고 하단 부분을 말아 안쪽으로 접은 뒤 약 1cm 아래 9시 방향으로 붙인다.

5 연분홍/살구색 더블렛 주름지 위에 얇게 접착제를 바르고 약 5cm 정도의 오렌지색 얇은 홑겹 주름지를 붙인다. 라미네이팅을 하는 것이다. 이때 오렌지색 주름지는 연분홍/살구색 더블렛 주름지보다 최소 약 1.2cm 이상 위에 위치하도록 붙이고 결을 맞춘다. 이것으로 89페이지 도안 PDOR3에 맞춰 꽃잎 5장, PDOR4 9장, PDOR5 15장을 자르고, PDOR6 12장은 약 0.6~1cm 간격으로 꽃잎 위쪽은 살구색이, 나머지는 오렌지색 나오도록 자른다.

6 일반적으로 6~8단계에서의 꽃잎은 이전 단계의 꽃잎보다 약 0.3~1cm 더 펼쳐져야 하고 순차적으로 아래에 부착한다. 오렌지색 주름지를 89페이지 도안 PDOR3에 맞춰 꽃잎 5장을 자른다. 그럼 5단계에서 준비해두었던 꽃잎을 붙여보자. 모든 꽃잎은 커핑하고 구부린 뒤 모자 핀으로 구겨준다. 5단계의 꽃잎을 약 1~2mm 정도 거리를 두고 붙인다. 이 중 가장 키가 큰 꽃잎은 가장 높은 중앙 꽃잎 상단으로부터 약 1.2cm 지점에 6시 방향으로 붙이고, 나머지 꽃잎은 시계 반대 방향으로 부착한다. PDOR4의 꽃잎 5장은 커핑한 뒤 꽃 위를 모자 핀으로 당긴 다음 하단을 말아준다. 2장의 꽃잎은 8시 방향으로 놓고 상단은 6시 방향의 오렌지색 꽃잎과 정렬시킨다. 2장의 꽃잎을 1시 방향으로 엇갈리게 붙이고 꽃잎의 구부러진 부분 오렌지색 꽃잎과 정렬되도록 한다.

PDOR5의 꽃잎 6장을 커핑하고 하단을 말아준 뒤 상단을 뒤로 구부린다. PDOR5 꽃잎 1장을 3시 방향에 놓고, 이 꽃잎을 감싸는 라즈베리색 꽃잎의 상단부와 나란히 놓는다. 중심부가 주름진 2장의 꽃잎 뒷면을 4시 30분 방향으로 겹쳐 이전 꽃잎 쌍보다 약 3mm 아래 부착한다. 마지막 꽃잎 3장은 이전 꽃잎과 같은 높이로 약간 꼿꼿하게 서 있도록 배열하고 9시 30분, 10시, 9시 방향으로 순서대로 붙인다. PDOR4의 꽃잎 5장은 감싸고 있는 꽃잎보다 약 1~2mm 아래 3시 30분 방향으로 부착한다.

7 이 단계에서는 꽃의 둘레를 다듬어주는 과정이다. PDOR6의 꽃잎 12장을 모두 커핑한 후, 꽃의 앞면이 약간 넓고 볼록하게 만져준다. 각 꽃잎 뒤쪽으로 깊은 주름을 만들고, 상단 중심부를 V자 형태로 절개한 뒤 컬링한다. 꽃잎 손질이 끝났으면 1장의 꽃잎을 이전 꽃잎 아래 7시 방향으로 붙인다. 나머지 11장의 꽃잎은 8단계에서 사용할 것이다. PDOR4의 꽃잎 4장을 커핑하고 뒷면에 깊게 주름을 잡은 뒤에 상단 가장자리 약 6mm를 뒤쪽으로 말아 구긴 다음 펼친다. 2장의 꽃잎을 11시 30분 방향으로 놓고, 2장의 꽃잎은 9시 방향으로 겹쳐 놓는다. 커핑된 PDOR5 꽃잎 9장은 하단을 말고 뒤 상단을 펼친 뒤 주름을 잡고 깊게 컬링한다. 꽃잎 9장을 각각 12시, 2시, 4시, 6시, 8시, 10시 방향에 배치하고, 3시 30분, 4시 30분, 6시 30분 방향에 배치한다.

8 7단계에서 남은 PDOR6 꽃잎을 장미 주변에 놓고 지나치게 규칙적인 패턴을 피하며 서로 지그재그로 겹쳐놓으며 부착한다. 꽃잎은 바닥을 거의 가리도록 뒤로 젖히는데 꽃의 지름은 약 10cm 정도가 좋다. 갈색 주름지로 줄기를 감싸고 진홍색 수채물감을 칠해 사랑스러운 적갈색 줄기가 되도록 한다.

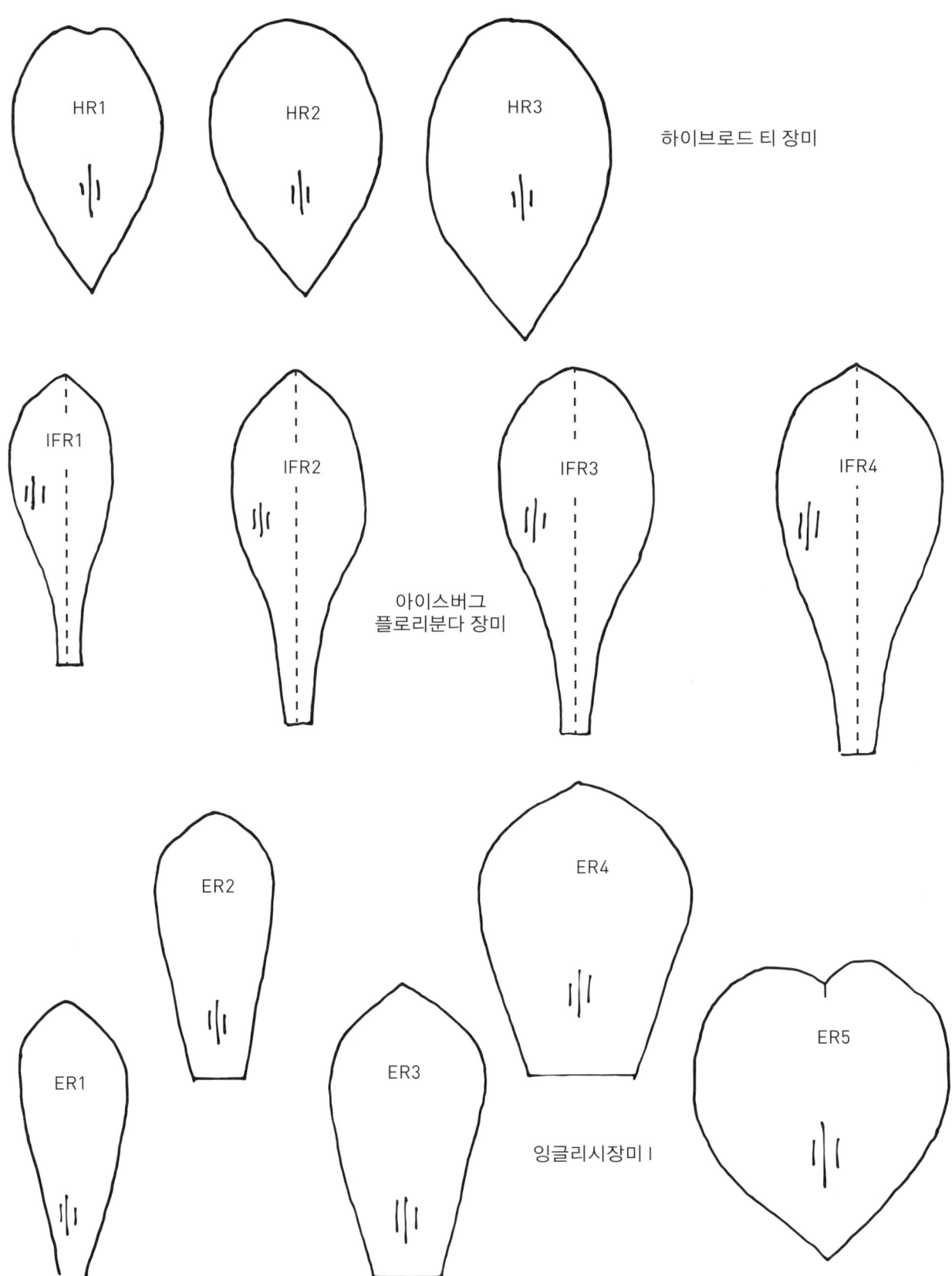

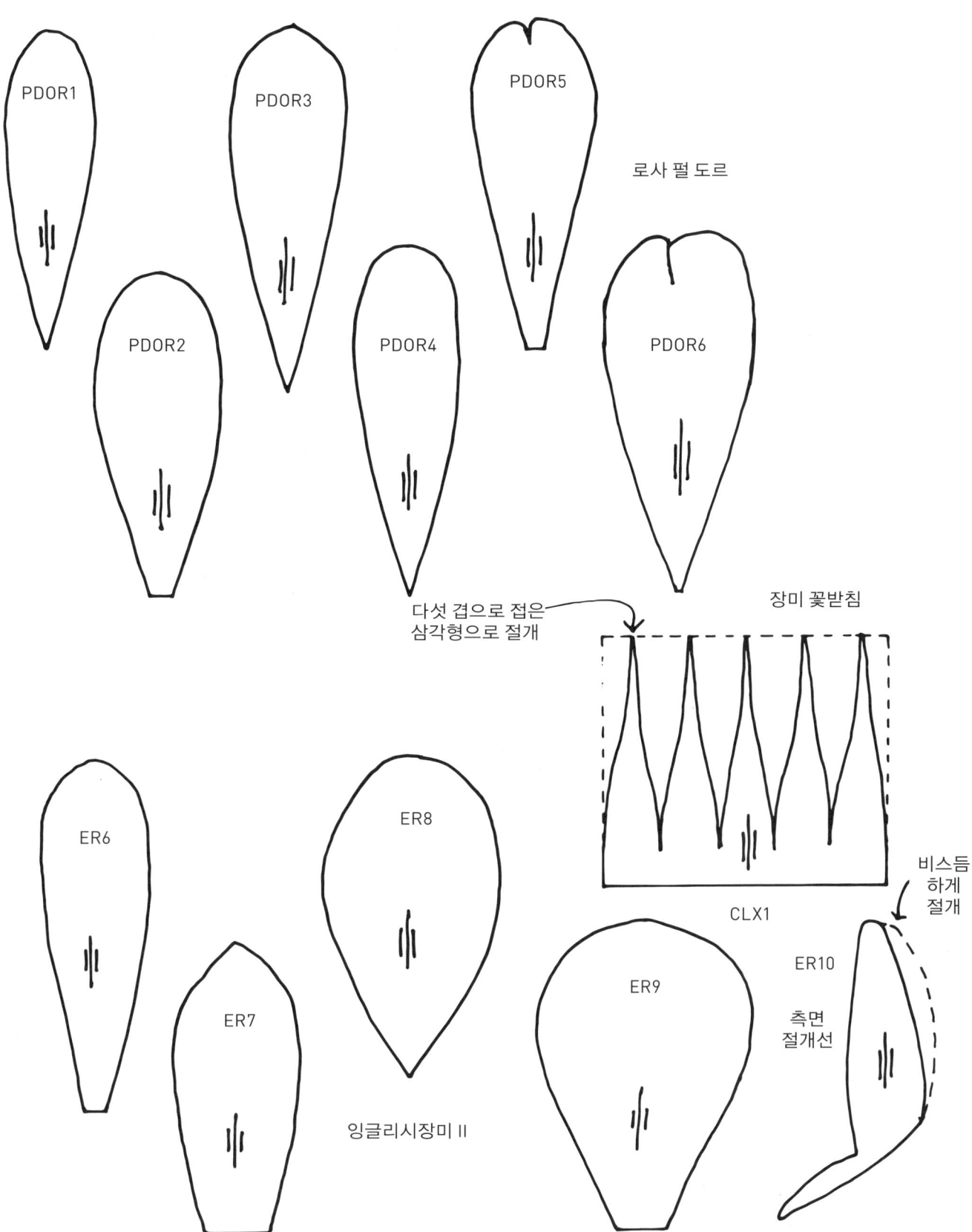

스페셜 테크닉
색상 가지고 놀기

나는 색에 있어서 고집이 센 편이다. 색의 세계는 내가 알던 것과는 완전히 다르다. 페이퍼 플라워 공예에서 자연적으로 발생하는 색으로만 작업하긴 어렵기 때문에 나는 색을 겹쳐 놓으면서 색이 주는 아름다움의 범위를 넓히고자 노력한다. 나는 새로운 색을 활용하면서 행복을 느낀다. 특히 검은색의 주름지로 장미와 카네이션을 엮은 화관이나 신부를 만족시킬 흰색 버전의 꽃으로 가득 찬 부케를 만드는 것을 좋아한다. 그리고 모노 톤으로 작업하는 것도 좋아한다. 꽃과 줄기를 한 가지 색상으로 만들면 또 다른 아름다움을 자아낼 수 있다. 페이퍼 플라워에 대해 강의를 할 때 난 학생들이 자유롭게 사용할 수 있도록 바구니에 다양한 색상의 주름지를 가득 가져간다. 그것을 활용해 학생들이 다양한 색상의 꽃을 만드는 것을 보면 나의 선택 범위 역시 넓어진다. 누군가는 내가 생각해본 적이 없는 색으로 꽃을 만들어 나를 놀라게 한다. 다른 사람들이 어떻게 세상을 보고 표현하는지를 보면 내 시야는 엄청나게 확장한다. 이것이 강의할 때의 가장 좋은 점이기도 하다.

중앙에 꽃술이 있는 꽃

꽃술 종류와 테크닉
캘리포니아 트리 양귀비
초콜릿 코스모스
코스모스
3가지 방법으로 만드는 양귀비
도안 및 가이드

꽃의 중심 부분에는 꽃술이 있다. 잘 보이지 않는 장미나 달리아 내부에도 꽃술이 있다. 이 책에서 다루는 페이퍼 플라워는 유난히 꽃술이 도드라져 보이는 꽃을 선택했다. 더불어 이 장에서 제안하는 방법은 데이지와 과꽃 등에 활용할 수 있다. 다른 꽃 역시 이 방법을 통해 꽃술을 만드니 잘 기억해두기 바란다.

미세한 꽃술

말거나 꼬아서 만든 꽃술

라미네이팅 꽃술

복합적인 꽃술

꽃술 종류와 테크닉

다음은 이 책에서 사용된 꽃술의 종류이다. 그리고 아름다운 꽃술을 만드는 방법에 대한 나의 조언을 담았다. 일반적으로 꽃술을 작고 촘촘하게 만들수록 더 좋은 결과물이 나온다.

미세한 꽃술
극소수의 예를 제외하고 이 책에서 사용되는 꽃술은 미세할 정도로 정교하게 잘라야 한다. 그러기 위해선 가위를 잡지 않은 손의 엄지와 집게손가락으로 주름지를 잡고 다른 손의 엄지, 집게, 중지손가락으로 가위를 잡아야 한다. 그런 다음 가위는 움직이지 않고 주름지를 재봉틀을 하듯 앞으로 밀면서 가위 위쪽 날만 움직여 빠른 속도로 잘라야 한다. 가위 날을 통과하는 주름지의 속도를 조절하여 종이를 빠르고도 정교하게 자를 수 있는 속도를 찾는 것이 중요하다. 이 과정에서 꽃술 조각이 떨어져 나갈 때도 있지만 워낙 많기 때문에 큰 차이는 보이지 않을 것이다.

라미네이팅 꽃술
나는 여러 색의 주름지를 붙인, 즉 라미네이팅된 주름지를 활용해 꽃술을 만든다. 이때는 미세한 가위질에 완벽하게 잘 맞는 라미네이팅된 주름지가 있는가 하면 너무 단단하거나 축축해서 제대로 가위질을 못하는 경우도 있다. 이땐 두 가위 날이 만나는 곳, 즉 가랑이 부분에 주름지를 놓고 자르는 것이 좋다. 가위 날에 종이가 으깨지는 것을 방지하기 위해 라미네이팅을 한 후 5분이 지났거나 접착제가 완전하게 마른 후에 가위질을 하는 것이 좋다.

말거나 꼬아서 만든 꽃술
이 유형의 꽃술은 꽃 중심의 크기가 큰 페이퍼 플라워를 작업할 때 사용된다. 방법은 간단하다. 미세한 가위질을 통해 꽃술을 만든 후에 네다섯 가닥을 접착제로 가볍게 붙인 다음 엄지와 집게손가락을 이용해 둥글고 부드러워질 때까지 말거나 꼰다. 때론 꽃술이 뾰족해지기도 하고 때론 끝이 접히기도 한다. 일반적으로 주름지 두께와 접착제 수분으로 인해 종이를 마는 것보다 꼬는 것이 더 쉽다.

복합적인 꽃술
복합적인 꽃술은 두 가지 이상의 꽃술을 활용해 꽃의 중심부를 사실적으로 표현하는 방법이다. 예를 들어 활짝 피어 있는 달리아와 초콜릿 코스모스의 꽃의 중심부에는 말거나 꼬아 만든 꽃술이 기본 꽃술을 감싸고 있다.

꽃술을 쉽게 만드는 팁
- 꽃술을 만들 땐 자신에게 가장 잘 맞는 가위를 사용한다. 나 같은 경우엔 약 10cm 길이의 얇은 날을 가진 부엌 가위가 가장 잘 맞는다.
- 별도로 명시되지 않는 한 꽃술은 깊이 자르되 약 0.3cm 정도는 남겨놓는다.
- 꽃철사에 꽃술을 감을 땐 별도로 명시되지 않는 한 종이를 늘리지 않는다. 철사를 감싸는 동안 꽃술이 찢어질 경우 접착제로 다시 붙여 이어간다.
- 일부 꽃은 최상의 결과를 얻기 위해 꽃술을 자른 후에 말기도 한다. 꽃술이 미세할수록 꽃이 더 사실적이고 예술적으로 표현된다.
- 일반적으로 꽃술인 미세할수록 아름답지만 그렇지 않더라도 아름다울 것이니 너무 부담을 갖지 않아도 된다. 아름다움을 표현하고 싶은 내 고집이기도 하다.

캘리포니아 트리 양귀비
california tree poppy

이 단순하고도 아름다운 꽃은 엉뚱하게도 꽃의 외형 때문에 '프라이드 에그fried-egg'로 알려져 있다. 이 꽃의 원산지는 캘리포니아 남부와 멕시코 북부이고, 다른 양귀비처럼 각각의 줄기에서 나지 않고 큰 관목에서 자란다. 나는 단순하고 푹신한 노란색의 꽃술 주위로 주름지고 구겨진 꽃잎이 활짝 편 상태로 둘러싸고 있는 모습을 좋아한다. 길게 뻗은 줄기만으로도 눈에 띄기 때문에 나는 캘리포니아 트리 양귀비와 같은 구성물을 만들 때 나뭇잎을 생략한다.

이 단락에선 두 가지 크기의 꽃잎을 사용하는데 작은 꽃잎은 꽃이 처음 필 때 꽃의 크기를 표현하고, 큰 꽃잎은 꽃이 핀 동안 얼마나 커지는지를 표현할 것이다. 그것을 통해 자연스럽게 바람에 날린 양귀비를 표현할 수 있다. 여러분이 어떻게 보는지에 따라 사실적인 느낌이나 기발한 느낌을 더해지니 자신의 창의력을 최대한 발휘해 만들어보자.

접착제
글루건과 심
60그램 #296 노란색 주름지
100그램 흰색 주름지
뾰족한 그래파이트 연필
녹색 천으로 감싼
16게이지 꽃철사
잎(204페이지)

• 118~119페이지의 도안을 참조하자.

캘리포니아 트리 양귀비

1 노란 꽃술을 만들어보자. 60그램 노란색 주름지에서 높이 약 1.3cm, 길이 약 7.5cm 크기로 11개 자른 후에 미세한 꽃술을 만든다. 그런 다음 꽃철사의 상단 약 0.6cm를 구부려 고리를 만든 후 아랫부분을 풀칠한 꽃술 1개로 고르게 감싼다. 만약 고리 부분이 한쪽으로 치우쳤다면 손가락으로 꽃술의 바닥 부분을 둥글게 한다. 꽃술을 열고 원뿔 모양으로 다듬은 후 아랫부분보다 윗부분을 단단히 조인다. 이때 윗부분의 꽃술에서 한 가닥이 튀어나와야 한다.

2 남은 10개의 꽃술 주름지를 길게 펼치고 하나씩 풀칠한 뒤 뿔 중심 주변을 감싼다. 감싸는 동안 주름지가 늘어나지 않도록 조심한다. 꽃술 첫 번째 층의 꼭대기는 원뿔 윗부분에서 약 0.2mm 튀어나와야 한다. 다른 꽃술의 각 층은 약 0.2mm만큼 아래에 있어야 한다.

3 모자 핀을 사용해 중심 층을 빼고 다른 꽃술은 둥글게 만들어 푹신하게 보이도록 다듬는다. 꽃술의 각 층들은 중심 뿔로부터 아래로 향하도록 잡아당기고 연필로 술이 만나는 부분 주위를 눌러 교차 지점이 어두운 색이 되도록 한다. 더 둥글게 원한다면 작은 가위로 각진 부분을 세심하게 잘라준다. 모자 핀으로 꽃술의 끝 부분을 약간 말아 올린다. 좋은 결과물을 얻기 위해 말아 올리고 부풀리며 아래로 내리는 작업을 반복한다.

4 118페이지 도안 TP-Large 혹은 TP-Small에 맞춰 100그램 흰색 주름지에서 6장을 자른다. 만약 꽃잎이 떨어진 것을 표현하고 싶다면 그보다 적게 만들어도 된다. 만약 꽃잎의 주름을 잡고 싶다면 종이 결 방향을 따라 아코디언 모양으로 단단하게 접었다가 늘린다. 그런 후에 각 꽃잎을 부드럽게 펼친다. 둥글게 파인 모양을 만들기 위해선 각 꽃잎의 가장자리를 살짝 커핑한다. 꽃잎이 똑같은 모양일지라도 바깥 꽃잎의 끝은 처져 있으면서 수평적이고 안쪽 꽃잎 세 장은 둥글게 올라가도록 매만진다.

5 꽃잎 윗면을 무작위로 접고 위쪽을 작게 들쭉날쭉한 모양을 내며 자름으로써 꽃잎의 주름진 모습을 강조한다. 중심선을 따라 일부를 위로 약간 주름지게 하여 올리고 측면이 밑으로 처지도록 한다. 모자 핀을 이용해 꽃잎 가장자리를 말아 짓이긴다.

6 각 꽃잎 아랫부분에 접착제를 약 0.6cm 정도 칠하고 꼬집으면서 모으는데 이때 꽃잎의 윗부분이 동그랗게 말리지 않도록 주의한다. 꼬집은 끝 부분을 뒤로 커핑하고, 그 부분 바로 아래에서 꽁지를 잘라낸다. 꽃잎의 밑 부분 양쪽에 접착제를 칠하고 안쪽으로 부드럽게 모아 더욱 가는 모양을 만든다. 안쪽 3장의 꽃잎 간격을 일정하게 하고, 각 꽃잎의 윗부분 아래쪽 약 0.6cm 지점에 글루건으로 쏴 노란 꽃술 아랫부분에 부착한다.

7 이와 비슷하게 바깥쪽 3장의 꽃잎 간격을 일정하게 하면서 안쪽 3장의 꽃잎 사이 공간을 채우며 붙인다. 꽃잎이 뿌리와 만나는 교차 지점을 깔끔하고 반듯하게 다듬는다.

8 하나의 꽃이 완성되었다면 같은 방법으로 또다른 꽃을 만들어보자. 잎을 추가하는 것이 아니라면 뿌리는 감쌀 필요가 없다.

초콜릿 코스모스 chocolate cosmos

접착제
글루건과 심
180그램 #568
진갈색 주름지
100그램 옐로오렌지 주름지
100그램 그린티,
레몬 또는 노란색 주름지
올리브그린 더블렛 주름지
빨간 잉크 또는
진홍색 수채물감 농축액
넓고 부드러운 붓
녹색 천으로 감싼
20게이지 꽃철사
잎(204페이지 참조)

초콜릿 코스모스는 이 책에서 몇 안 되는 한 색으로 된 꽃 중 하나다. 어떤 땐 검정으로, 어떤 땐 깊고 깊은 빨강으로, 어떤 땐 갈색으로 보이는 가장 신비한 색깔을 가지고 있다. 진갈색 주름지를 진홍색으로 물들여 깊은 색의 신비함을 표현하고자 했다. 꽃을 완성하면 깊은 빨강이지만 시간이 지나면서 형용하기 힘든 적갈색으로 색이 깊어질 것이다. 이것이 내가 원하는 상태다. 색을 물들일 때는 종이를 깔고 장갑을 착용해 손가락이 빨갛게 물드는 것을 방지한다. 나는 꽃잎의 중심을 볼록하고 가장자리와 끝부분을 오목하게 표현하는 것을 좋아하지만 위쪽으로 말린 형태나 코스모스의 굴곡을 표현하고 싶다면 107페이지를 참조한다. 이 꽃의 꽃술은 앞에서 설명한 '복합적인 꽃술'로, 기본 꽃술을 말거나 꼰 꽃술로 감아야 해서 어려울 수 있다. 너무 어렵다면 기본 꽃술로 대신해도 좋다. 만약 꽃 머리가 뿌리로부터 풀어지면 뜨거운 풀을 활용해 붙여준다. 줄기에 잎을 추가하는 것은 자유 선택이다. 꽃의 줄기가 길고 쭉 뻗어 있어 잎을 달았을 때 거추장스럽게 보일 수도 있으니 이점 주의해서 만들어야 한다.

• 118~119페이지의 도안을 참조하자.

초콜릿 코스모스

1 우선 착색제를 만들어보자. 물 2티스푼에 빨간 잉크나 진홍색 수채물감 농축액 8방울을 넣는다. 180그램 #568 진갈색 주름지를 높이 약 5cm, 길이 약 14cm에 맞춰 자른 후에 부드럽고 넓은 붓으로 결 방향을 따라 물들인 후 완전히 마를 때까지 건조시킨다.

2 긴 조각의 주름지가 마르면 2개만 약 25cm만큼 길게 늘려준다. 나머지 하나는 나중을 위해 남겨둔다. 긴 조각의 주름지에서 118페이지 도안 CHOC1에 맞춰 꽃잎 10장을 자른다. 그리고 각 꽃잎 아랫부분에 약 0.6cm 정도 접착제를 발라 주름을 만든다. 물들일 때 얼룩이 질 수 있으니 얼룩지지 않은 부분이 위로 가도록 한다.

3 1단계에서 칠한 색보다 조금 더 진한 빨간 잉크나 수채물감을 각 꽃잎의 얼룩지지 않은 앞면에서 결을 따라 살짝 칠하고 약 1시간 정도 건조시킨다.

4 긴 조각의 주름지를 하나 남겨두었는데 그것을 사용할 차례다. 긴 조각의 주름지 길이를 약 22cm까지 늘려주고 꽃술을 만들기 위해 미세하게 자른다. 꽃철사 꼭대기 부분에 고리를 만들어주고 꽃술 아랫부분에 접착제를 바른 후 세심하게 감아준다.

5 말거나 꼰 꽃술을 만들기 위해 진갈색 주름지에 1단계에서 한 것처럼 물들인 후 높이 약 1.9cm, 길이 약 9cm 에 맞춰 3조각을 자른다. 긴 조각에서 약 5cm 정도 남기고 3~4가닥을 말거나 꼰 다음 간격을 약 0.3cm 정도로 벌려 깊은 틈을 만든다. 남겨 놓은 부분은 잘라 노란색 잉크나 수채물감으로 칠해둔 뒤 동그렇게 돌돌 만 형태로 만든다.

6 말거나 꼰 꽃술 3조각의 아랫부분에 접착제를 칠한다. 우선 하나의 조각을 중심을 에워싸며 감는다. 다른 조각은 그것보다 약 1.5mm 정도 높게 감는다. 나머지 꽃술 조각은 두 번째 줄보다 약 1.5mm 정도 아래에 붙이는데 노란 꽃 조각을 풀칠하면서 같이 붙여준다. 꽃술 아랫부분을 조여 고정한다.

7 작은 붓으로 말아진 꽃술 끝부분 75% 정도에 빨간 잉크나 수채물감을 사용하여 점을 찍는다. 꽃술의 노출된 부분, 뒤로 젖혀진 끝부분 그리고 전체 모형의 바깥 부분을 약간 위로 가도록 다듬는다.

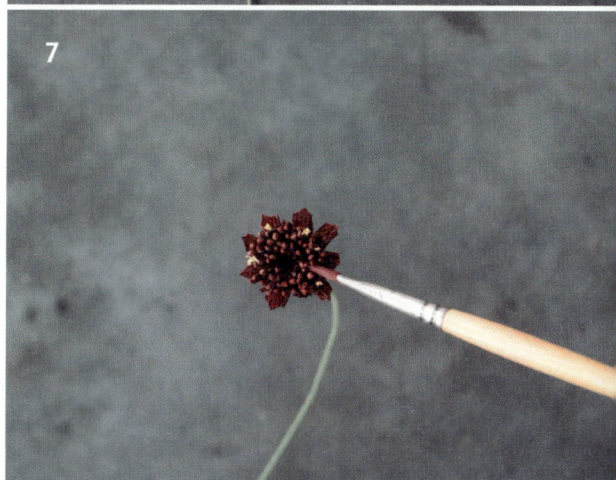

8 8장의 꽃잎을 손으로 안쪽으로 모은 뒤 반대로 뒤집으며 동그란 곡선을 만든다. 꽃잎 꼭대기 부분은 부드럽게 모아 중심이 오목하고 가장자리가 볼록해지도록 다듬는다. 날카로운 가위를 사용해 꽃잎 끝 쪽을 가늘게 잘라준다.

9 글루건과 심을 사용해 꽃잎을 꽃술에 조심스럽게 붙이는데 각 꽃잎은 약 0.6cm 전후로 배치한다. 꽃잎의 끝부분을 아래로 향하게 부드럽게 내린다.

10 처음 3장의 꽃잎은 12시, 3시, 7시 반 방향으로 놓고 네 번째 꽃잎은 6시 방향으로 가게 배치한다. 꽃잎은 다소 수평이 되어야 한다.

11 다음 3장의 꽃잎은 1시 반, 4시 반, 9시 방향으로 놓고 마지막 꽃잎은 10시 반 방향으로 놓는다. 이 순서를 지킨다면 보다 꽃잎이 자연스런 형태로 놓이게 될 것이다.

12 꽃받침을 만들어보자. 100그램 그린티, 레몬, 노란색 주름지를 사용해 높이 약 2.5cm, 길이 약 5cm 크기로 자른다. 접착제를 사용해 꽃철사와 꽃잎이 붙은 지점에 단단하게 조이면서 감싼다. 5분 정도 기다린 후 접착제가 마르면 붓에 진홍색 수채물감을 묻힌 뒤 물로 희석시켜 꽃받침의 윗부분과 아랫부분에 얼룩을 남기며 칠한다. 자연스러운 색 표현을 위해 꽃받침이 뿌리와 만나는 곳에 덧칠한다.

• 생화의 꽃받침처럼 보이기 위해서 다음 단락에서 제시하는 코스모스를 참조해보자.

코스모스 garden cosmos

접착제

180그램 #572
마젠타 주름지

180그램 #600 흰색 주름지

180그램 #602
검정색 주름지

180그램 #576
딥 옐로 주름지

180그램 #575
브라이트 옐로 주름지

180그램 #600/5
그린옐로 옴브레 주름지

큰 붓
(선택 사항)

평평하고 뻣뻣한 붓

녹색 천으로 감싼
20게이지 꽃철사

잎(205페이지 참조)

주방용 스펀지(선택 사항)

유리 그릇(선택 사항)

물

코스모스는 페이퍼 플라워 중에서도 가장 단순하고 앙증맞은 꽃에 속한다. 어떻게 보면 복잡해 보이지만 세심하게 만들면 이것만 만들고 싶은 기호가 생길 수도 있다. 코스모스의 분홍과 보라를 표현하기 위해선 마젠타 주름지로 재현할 수 있다. 주름지의 색을 빼거나 다른 색으로 물들이는 것은 여러분의 선택 사항이지만 이 작업을 통해 다양한 색이 주는 아름다움을 맛볼 수 있다.

코스모스의 꽃술은 여러 종류다. 푹신한 작은 방울처럼 만들거나 가장자리를 고리처럼 만들어도 된다. 다양한 꽃술을 만들면 생화처럼 아름다워 보인다. 아주 단순하게 만들어도 사랑스러운 것이 바로 코스모스다.

- 118~119페이지의 도안을 참조하자.

코스모스

1 코스모스 색상에 다양함을 주기 위해 착색할 준비를 한다. 작은 유리 그릇 3개를 준비한다. 마젠타 주름지에서 높이 약 5cm, 길이 약 10cm 크기의 긴 조각을 자른 다음 유리 그릇에 따뜻한 물을 받아 마젠타 주름지를 담가 색이 빠져나오도록 한다. 다른 유리 그릇에 색이 빠져나온 물과 그냥 물을 섞는다. 그리고 다른 그릇엔 깨끗한 물을 담는다. 180그램 #600 흰색 주름지에서 높이 약 6cm, 길이 약 22cm 정도로 자르는데 자신이 물들이고 싶을 만큼 여분의 주름지를 준비한다. 긴 조각 하나에 8장의 꽃잎을 자를 수 있을 것이다. 각 긴 조각에 유리 그릇에 담은 색으로 큰 붓으로 몇 개는 진하게, 몇 개는 연하게 물들인다. 다른 주름지 조각은 가장자리에 진한 색으로 물들인 후 깨끗한 물로 덧칠해 자연스러운 얼룩이 생기게 한다. 물로 색의 변화를 주는 수채화 기법과 똑같다.

2 큰 붓을 세척한 후 균일한 색을 표현하기 위해 깨끗한 물을 덧칠한다. 그런 후 주방용 스폰지로 긴 조각 주름지를 살짝 누르고, 넓고 평평한 붓으로 여분의 수분을 쓸어낸다. 주름지에 남아 있는 수분을 제거하기 위해 여러 번 스폰지로 눌러준다. 날씨에 따라 달라지겠지만 대략 1~3시간가량 마르게 놓아둔다.

3 주름지가 완전히 마르면 다양한 긴 조각 주름지를 골라 118페이지 도안 COS-Large 또는 COS-Small에 맞춰 꽃잎을 자르는데 도안에 긴 조각 주름지를 넣어 반으로 접고 자르면 쉽고 빠르게 자를 수 있다. 하나의 꽃에 7장 정도의 꽃잎이 필요하니 각 색에 맞춰 7장의 꽃잎을 준비한다. 만약 흰색의 주름지를 그대로 사용한다면 그것도 준비한다.

4 꽃잎을 다듬어보자. 채색된 부분이 위로 오도록 하면서 깊고 강한 주름을 만드는데 엄지손톱을 사용하여 당기고 누른다. 아랫부분 약 9mm 부분에 풀칠한 다음 주름을 잡고 늘려주고 뒤로 젖히면서 자연스러운 굴곡을 만든다. 그리고 모든 꽃잎이 같은 길이인지 확인하면서 끝이 불규칙한 모양으로 잘라주면서 변화를 준다. 또는 꽃잎 1~2장을 밖으로 빼 균일하게 보이지 않도록 하는 것도 한 방법이다. 모자 핀으로 가장자리를 약간 말아주면서 꽃잎 준비를 마무리한다.

5 꽃술을 만들 때의 긴 조각의 길이는 작은 코스모스 약 20cm, 큰 코스모스 약 38cm 정도가 좋다. 많이 늘린 180그램 #602 검정색 주름지는 높이 약 1.2cm, 180그램 #576 딥 옐로와 180그램 #575 브라이트 옐로 주름지는 높이 약 1.5cm로 자른다. 검정색 긴 조각 한 면에 접착제를 바르고 딥 옐로 긴 조각을 붙이고, 반대도 똑같이 접착제를 바르는데 이번엔 브라이트 옐로 긴 조각을 붙인다. 검정색 긴 조각이 샌드위치의 햄이라고 생각하면 된다. 모자 핀으로 딥 옐로와 브라이트 옐로 긴 조각을 분리시켜 서로 달라붙지 않도록 한다. 접착제가 다 마르면 미세하게 잘라 꽃술을 만든다.

6 꽃철사에 꽃술을 감아보자. 먼저 고리형의 꽃술을 만드는데 꽃술의 길이를 다르게 감싸야 한다. 꽃철사 꼭대기에서 약 0.6cm 정도의 고리를 만들어 딥 옐로가 밖으로 향하도록 감싼다. 이 꽃술의 경우 완전히 평평하게 감싸야 한다. 그리고 여분의 꽃술 긴 조각을 약 4cm 정도 잘라 6개 정도 준비하고 접착제를 바른 후 브라이트 옐로가 밖으로 향하게 감싸는데 먼저 감은 꽃술보다 위로 올라가게 감는다. 다 감으면 접착제가 꼭 붙도록 단단히 조인다. 그런 뒤에 꽃술의 끝 부분을 헝클어뜨리고 꼬집고 문지른다. 모자 핀을 사용해 부풀리며 다듬는다. 둥그런 꽃술을 만들고 싶다면 위치를 조절하지 않고 브라이트 옐로가 밖으로 향하도록 감은 뒤에 모자 핀으로 윗부분과 측면을 부풀리며 다듬는다.

7 각 꽃술에 각 색의 꽃잎을 붙여보자. 꽃잎 아랫부분에 접착제를 바르고 4장의 꽃잎을 동서남북으로 붙인다. 그리고 다음 4장의 꽃잎을 앞선 것과 어긋나게 붙이면서 나선을 그린다. 다 붙이면 꽃잎의 형태를 다듬는다. 다음으로 꽃받침을 만들어보자. 180그램 #600/5 그린옐로 옴브레 주름지를 활용해 가장 연한 부분에서 높이 약 2.5cm, 길이 약 3.2cm 크기로 잘라 주름지를 늘려준다. 그리고 그것을 119페이지 도안 COS-CLX1에 맞춰 자른다. 꽃받침의 중간까지 접착제를 바른 뒤 뾰족한 부분이 꽃잎에 붙도록 하면서 감싼다. 또 다른 꽃받침은 180그램 #600/5 그린옐로 옴브레 주름지 가장 진한 부분에서 높이와 길이가 각 약 4.5cm가 되도록 자른 뒤, 119페이지 도안 COS-CLX2에 맞춰 자른다. 꽃받침 아랫부분에 접착제를 바르고 꽃잎 아래를 감싸며 붙여준다. 바깥쪽 꽃받침은 180그램 #562 더스티그린 주름지로 활용해도 적합하다.

8 꽃 중심과 꽃잎을 만들 때 다양한 색상과 사이즈를 시도해보면서 코스모스를 만들어보자. 코스모스에 잎을 추가하고 싶다면 몇 개의 녹색 주름지 조각을 활용해도 좋다. 잎은 205페이지를 참조하자.

3가지 방법으로 만드는 양귀비
poppies three ways

접착제

글루건과 심

버터 나이프

뜨개질용 바늘

평평하고 뻣뻣한 붓

연녹색 원예용 테이프

녹색 천으로 감싼 16게이지 꽃철사

잎(204페이지 참조)

양귀비(OPIUM POPPY)

180그램 #558 라임그린 주름지

180그램 #577 딥 크림 주름지

100그램 흰색 주름지

180그램 #580 레드오렌지 주름지

표백제

털양귀비(ORIENTAL POPPY)

100그램 갈색/회색 주름지

180그램 #602 검정색 주름지

180그램 #601 코럴 주름지
(표백제에 담가서 사용)

시베리아꽃 개양귀비(iceland poppy)

60그램 #296 노란색 주름지

100그램 옐로오렌지 주름지

100그램 그린티 주름지

160그램 골드옐로 주름지

올리브그린 주름지와 꽃잎 얼룩을 위한
진홍색 수채물감 농축액

선택한 꽃잎 색상의 100, 160, 180그램
주름지 모음(선택 사항)

내가 만드는 양귀비는 꽃잎을 자연스러운 색조를 표현하기 위해 표백제 혹은 빨간색 또는 초록색 착색제에 살짝 담그는 작업을 통해 주름지에 색 변화를 준다. 나는 꽃의 질감과 주름진 모양에 힘쓰기 위해 세 종류의 양귀비를 만드는 데 사용하는 주름지의 그램 수를 달리한다. 즉 질감 표현을 위해 100, 160, 180그램의 주름지를 다 사용한다. 하지만 여러분은 선택할 수 있으니 부담을 갖지 않아도 된다. 여기서 제시하는 방법으로 다른 종류의 양귀비를 만들 수 있다.

- 118~119페이지의 도안을 참조하자.

양귀비 꽃들

1 양귀비의 꽃봉오리를 만들기 위해서는 118페이지 도안 POD1을, 털양귀비는 119페이지 도안 POD2, 시베리아꽃 개양귀비는 119페이지 도안 POD3을 사용한다. 꽃철사 꼭대기에서 약 1cm 고리를 만들어 봉오리를 연녹색 원예용 테이프를 덮는다. 버터나이프 날과 바늘을 사용하여 양귀비 꽃봉오리에 12개의 방사 홈을 낸다. 180그램 #558 라임그린 주름지를 늘려 꽃봉오리를 감싸고 꼭대기에서 모은 뒤에 바늘을 활용해 꽃봉오리 가운데 지점을 누른다.

털양귀비의 꽃봉오리 경우, 버터나이프의 날과 바늘을 사용해 15개의 얕은 홈을 방사형으로 낸 뒤 연녹색 원예용 테이프로 덮고 가운데를 바늘로 눌러 모양을 다듬는다. 기본적으로 난 봉오리의 가운데 지점을 초록색으로 남겨놓는 것을 좋아하지만 100그램의 갈색/회색 주름지를 늘려 뒤덮는 것도 보기가 좋다. 그런 뒤에 180그램 #602 검정 주름지로 감싼다. 시베리아꽃 개양귀비 봉오리의 경우, 버터나이프 날과 바늘을 사용해 6개의 방사 홈을 낸 뒤 똑같은 방법으로 연녹색 원예용 테이프로 덮은 뒤 모양을 다듬는다. 60그램의 #296 노란색 주름지로 작은 원을 만들어 꽃봉오리 가운데 부분에 풀칠한 후 붙인 다음 작은 구멍을 내어 무정형의 노란색 암술머리 모양을 만든다.

2 양귀비 꽃술을 만들어보자. 라미네이팅 꽃술로 만들 것이다. 100그램 흰색 주름지와 180그램 #577 딥 크림 주름지를 높이 약 4cm, 길이 약 12cm로 자른다. 흰색 주름지에 접착제를 바르고 딥 크림 주름지를 약 5mm 위에 위치하게 한 뒤 붙이고 흰색 주름지를 그 위에 붙인다. 이번에는 딥 크림 주름지가 샌드위치의 햄 역할을 한다. 그리고 꽃술을 만드는데 약 1.5cm 정도 남기고 미세하게 자른다. 꽃술 끝부분을 뒤로 젖히고 10분 동안 그대로 둔 다음에 질감을 주기 위해 꽃술을 약간 헝클어뜨린다. 꽃술 가닥 아래쪽에 풀칠하고 끝부분을 말고 뒤로 꺾으면서 자연스럽게 모양을 잡는다.

3 털양귀비 꽃술을 만들어보자. 180그램 #602 검정색 주름지와 100그램 갈색/회색 주름지를 높이 약 3cm, 길이 약 15cm 크기로 자른 뒤에 갈색/회색 주름지를 가운데 두고 검정색 주름지를 붙이는데 갈색/회색 주름지는 검정보다 약 5mm 위에 올라오게 한다. 그런 뒤에 중간 정도 남겨놓고 미세하게 자른다. 끝부분을 뒤로 젖히고 10분간 그대로 둔 후, 각 가닥을 모아 살짝 눌러 끝부분을 피해 헝클어뜨린다. 접착제를 발라 모양을 잡는데 균일하지 않게 부풀리면서 다듬는다.

4 시베리아꽃 개양귀비 꽃술을 만들어보자. 100그램 그린티 주름지와 100그램 옐로오렌지 주름지를 높이 약 3cm, 길이 약 10~12cm 크기로 자른 뒤 옐로오렌지 주름지를 가운데 두고 그린티 주름지를 양쪽으로 붙이는데 옐로오렌지 주름지는 약 5mm 위에 올라오게 한다. 각 긴 조각은 길이를 맞춘 뒤에 중간 정도 남겨놓고 미세하게 자른다. 모자 핀을 이용해 꽃술 끝을 안으로 젖히고 뒤로 굽히면서 자연스러운 형태로 다듬는데 마지막으로 풀로 고정한다.

5 이 단계에선 세 종류의 양귀비 꽃잎을 모두 만들어 보자. 우선 양귀비부터 보자. 118페이지의 도안에서 INNER OPIUM1과 OUTER OPIUM2에 맞춰 늘린 180그램 #580 레드오렌지 주름지에서 각 2장씩 자른다. 그리고 표백을 해야 하는데 양귀비의 경우 5번의 사진에서 볼 수 있듯, 안쪽만 흰색이다. 그 부분만 표백을 하는데 환기가 잘 되는 곳에서 작업하는 것이 좋다. 마른 붓에 표백제를 발라 안쪽에 칠한 후 표백제가 완전히 마를 때까지 기다린 뒤에 가장자리를 깃털처럼 보일 수 있게 자른다. 종이가 찢어지지 않도록 조심하면서 꽃잎 가장자리가 자연스럽게 보일 수 있도록 말고 뒤로 젖히면서 형태를 잡고 접착제를 발라 고정한다. 이 4장의 꽃잎은 같은 모양이어야 한다.

다음으로 털양귀비 꽃잎을 만들어보자. 119페이지 도안 INNER ORIENTAL1과 OUTER ORIENTAL2에 맞춰 180그램 #601 코럴 주름지에서 각 3장씩 자른다. 그런 뒤에 아코디언 모양으로 접고 펼치고, 각 꽃잎을 위로 길게 늘리고, 동그랗게 모은 뒤 주름을 다시 잡는 등의 작업을 통해 형태를 잡는다. 꽃가루가 떨어진 얼룩을 만들기 위해, 검정색 주름지를 119페이지 도안 ORIENTAL1에 적힌 대로 자른다. 검정 주름지에 풀을 발라 꽃잎 위에 누른 뒤 당겨서 회색빛 얼룩을 남기는데 6장의 꽃잎에 다 남긴다.

마지막으로 시베리아꽃 개양귀비 꽃잎을 만들어보자. 우선 119페이지 도안 INNER ICELAND1 3장과 OUTER ICELAND2 2장을 160그램 골드엘로 주름지에서 자른다. 다른 색상의 주름지를 활용하거나 올리브 그린 주름지의 색을 빼 사용해도 좋다. 자른 꽃잎에 진홍색 수채물감 농축액 2방울을 떨어뜨려 얼룩을 만든다. 그런 뒤에 각 꽃잎을 아코디언 모양으로 접고 펼치고, 각 꽃잎을 위로 길게 늘리고, 동그랗게 모은 뒤 주름을 다시 잡는 등의 작업을 통해 형태를 잡은 뒤 접착제를 활용해 고정한다. 이 꽃잎들의 가장자리는 매우 주름지기 때문에 모자 핀으로 뒤로 말아 두드러진 주름을 만들거나 아니면 주름 없이 그대로 사용해도 괜찮다.

6 양귀비 꽃잎은 꽃술과 뿌리가 만나는 지점에 붙이는데 글루건과 심으로 4장의 꽃잎이 균등하게 위치하도록 하나씩 붙여준다. 꽃잎의 여분 종이를 다듬어 약간 남겨진 부분은 접착제를 발라 깨끗하게 붙인다.

7 털양귀비는 양귀비와 같은 방법으로 글루건과 심으로 붙이는데 먼저 균등하게 3장의 안쪽 꽃잎ORIENTAL1을 붙인다. 이때 꽃술 아래쪽을 꽃잎으로 가려 배치한다. 꽃잎을 서로 겹치거나 꽃의 중앙을 덮어도 괜찮다. 남은 3장의 바깥쪽 꽃잎ORIENTAL2으로 안쪽 꽃잎 사이에 붙이거나 1~2장은 뒤로 떨어지게 붙여 생화의 자연스러움을 표현한다. 6단계처럼 꽃잎 뿌리를 다듬고 부드럽게 손질한다.

8 시베리아꽃 개양귀비 꽃잎 또한 앞의 방법처럼 글루건과 심으로 붙인다. 우선 2장의 안쪽 꽃잎ICELAND1을 반 정도 겹쳐지도록 하고, 나머지 1장의 안쪽 꽃잎은 겹쳐진 부분 반대쪽에 위치하도록 붙인다. 2장의 바깥 꽃잎ICELAND2은 안쪽 꽃잎과 이어지게 넓게 펼치며 서로 반대 위치에 붙인 뒤에 꽃잎 뿌리를 다듬고 부드럽게 손질한다. 어린 양귀비 생화는 꽃잎이 제멋대로고 잔주름이 있고 동그랗게 모여 있는가 하면 그것보다 오래된 양귀비는 평평하게 펼쳐져 누워 있으니 그것과 비슷하게 표현하도록 한다.

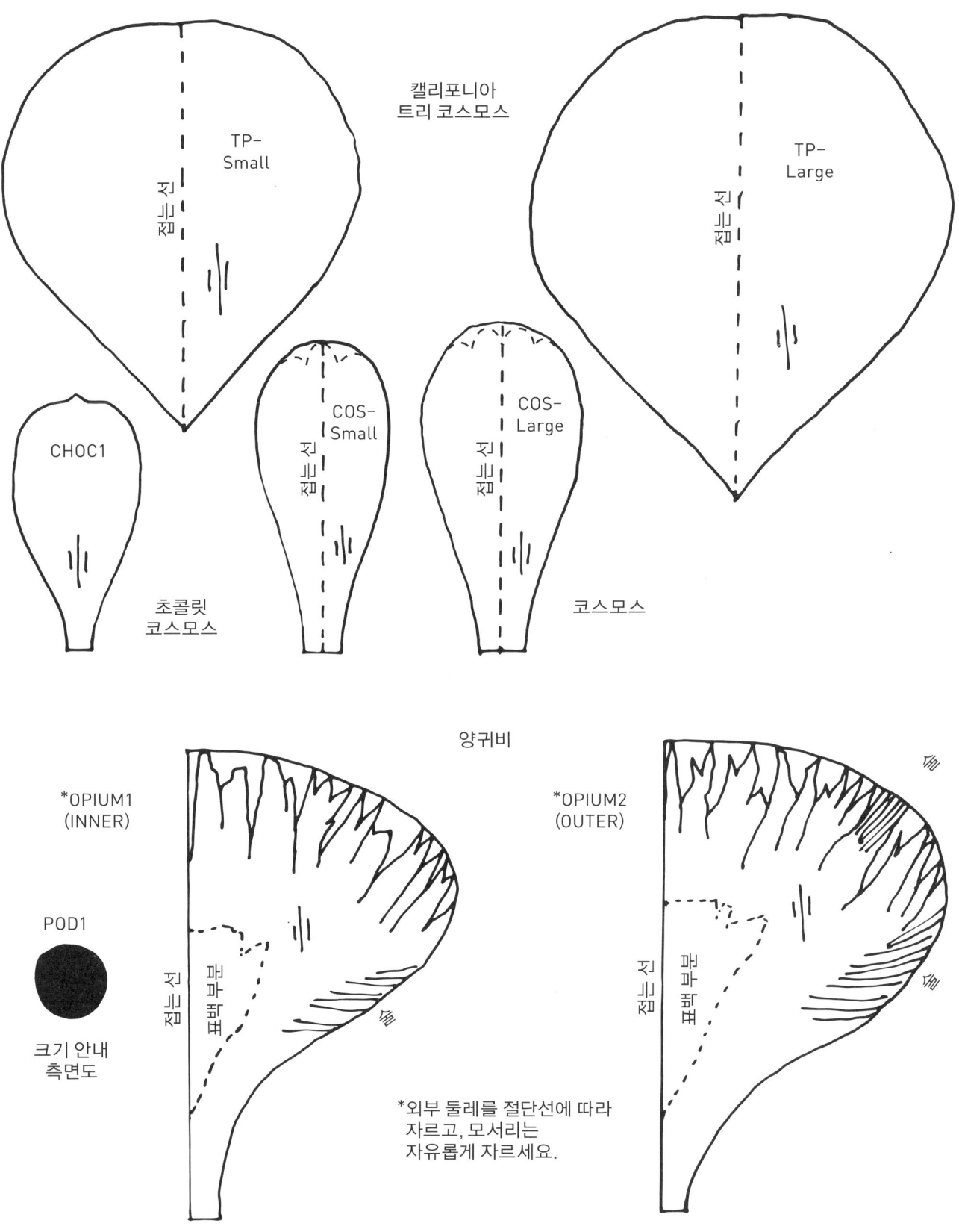

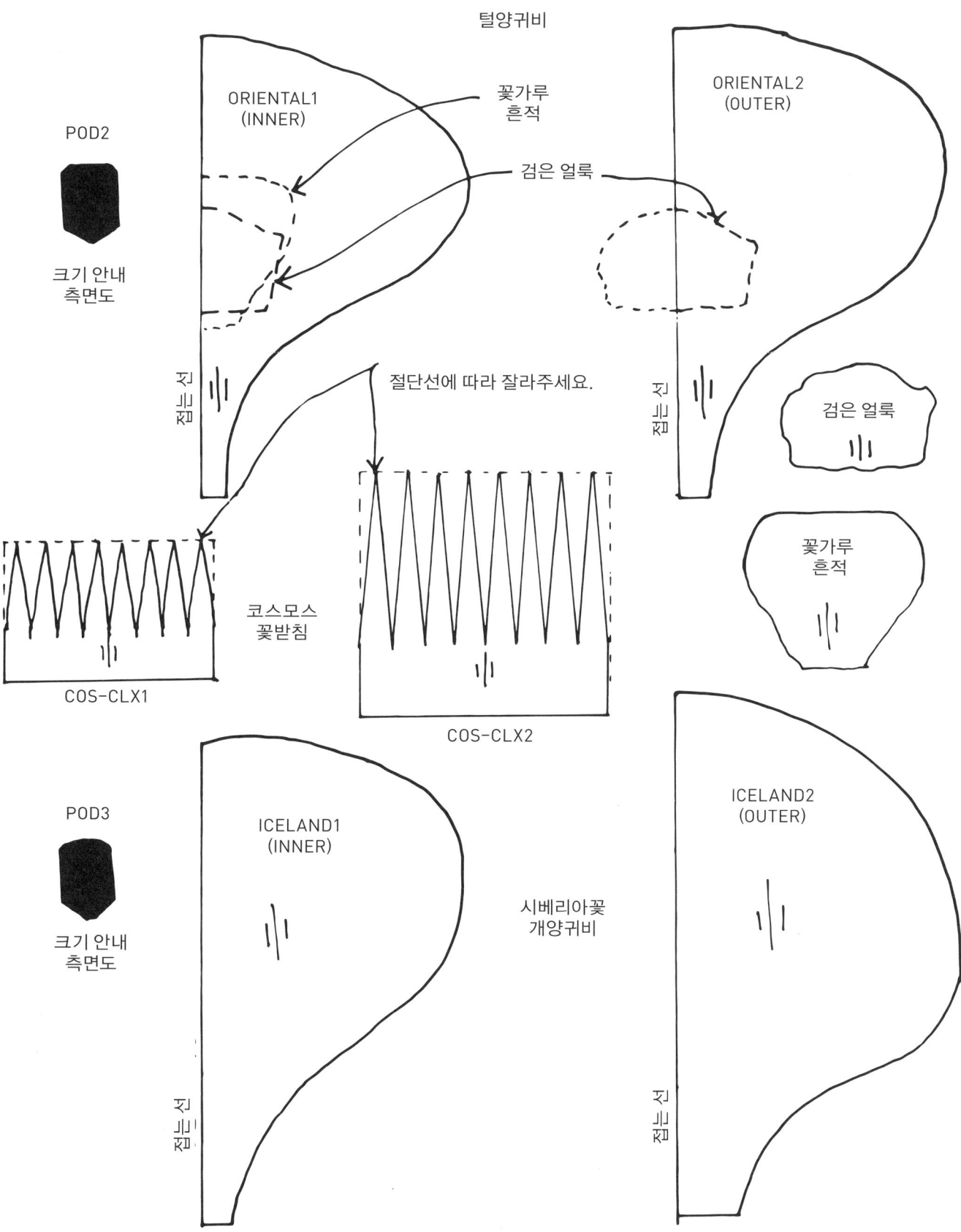

스페셜 테크닉
줄무늬와 얼룩 만들기

조지 번스George Burns, 닐 다이아몬드Neil Diamond, 퍼디난드 피차드Ferdinand Pichard, 제레미 볼트Jeremy Boldt 그리고 모리스 유트리요Maurice Utrillo. 이 이름들은 남자 올스타팀 선수들의 이름이 아니다. 이것은 오늘날 존재하는 줄무늬, 얼룩, 반점 그리고 물감을 끼얹어 만든 꽃의 이름이다. 자연적으로 생기는 줄무늬나 그 외 비슷한 현상들은 이종 교배, 바이러스 감염 또는 유전자 돌연변이의 결과이며, 달리아, 백일홍, 장미, 모란, 카네이션, 나팔꽃, 미나리아재비 등에서 찾을 수 있다. 이국적이라고 말할 수는 없지만 이런 현상이 자주 일어나는 것은 아니다. 하지만 나는 이런 줄무늬가 있는 꽃을 정말 좋아한다. 나는 꽃말에는 큰 관심이 없지만 캔디 스트라이프 카네이션이 의미하는 '당신과 함께 있을 수 없어서 미안해요'라는 꽃말을 알고 감동을 받았다. 꽃말을 아는 것은 페이퍼 플라워 공예를 하는 데 도움이 되지만 이 꽃말을 아는 사람에게 이 카네이션을 주는 일은 없도록 하자.

주름지에 줄무늬와 얼룩을 표현하는 것은 매우 간단하지만 미적 가치가 있다. 다음 페이지에서 페이퍼 플라워에 사용할 수 있는 8가지 실제 패턴과 색상 조합을 보여줄 것이다. 불규칙하고 불균형한 상태의 패턴을 직접 만들어보면서 그것으로 자연스러운 페이퍼 플라워를 만들어보자. 특정 꽃에 맞는 줄무늬와 얼룩을 만들기 전에는 우선 주름지를 늘린다. 그리고 책에서 나와 있는 것보다 더 큰 꽃잎을 만들고 싶다면 적절하게 크기를 조정하고, 한쪽 면에만 작은 붓과 이쑤시개를 사용하여 효과적으로 색칠한다. 달리 명시되지 않는 한 끝부분이 패턴의 상단 가장자리 부분에 오도록 꽃잎을 자른다. 기본적으로 얼룩을 만들기 위해서는 손에 보호 장갑을 낀 다음 붓에 물감을 묻힌 뒤 주름지에다 엄지와 집게손가락으로 붓을 세게 흔들면 된다. 그러면 주름지에 작은 물감 방울이 생길 것이다.

줄무늬 및 얼룩 패턴과 종이

패턴 1(얼룩)
샤보 피코테 판타지 카네이션 Chabaud Picotee Fantasy Carnation

종이 180그램 아이보리 또는 옅은 분홍색 주름지
색 진홍색 수채물감 농축액

패턴 2(가벼운 얼룩)
브리스톨 스트라이프 디너플레이트 달리아
Bristol Stripe Dinnerplate Dahlia

종이 100그램 흰색 주름지
색 동일한 진홍색과 마호가니 수채물감 농축액 2방울씩
특별 지침 이쑤시개로 얼룩 위에 얇고 길쭉한 조각을 만든다.

패턴 3(가벼운 얼룩)
파트리샤 중심부가 열린 달리아 Patricia Open-Centered Dahlia

종이 라이트옐로/옐로 더블렛 주름지
색 진홍색 수채물감 농축액
특별 지침 패턴 2 참조

패턴 4(가벼운 얼룩)
닐 다이아몬드 하이브리드 티 장미 Neil Diamond Hybrid Tea Rose

종이 페일핑크/살구 더블렛 주름지
색 물 4분의 1티스푼에 혼합한 진홍색 수채물감 농축액 8방울
특별 지침 패턴 상단과 하단 가장자리에서 꽃잎 절개

패턴 5(얼룩 없음)
카르네발레 디 베네지아 나팔꽃 Carnevale Di Venezia Morning Glory

종이 180그램 #600/4 장미빛 옴브레 주름지 롤 중심으로 부터 절단
색 물 1방울과 알프스로즈 수채물감 2방울
특별 지침 작은 붓으로 신속하게 종이 위아래로 붓질하여 틈새가 있는 연한 줄무늬를 만들고, 견고하고 점점 가늘어 지는 줄무늬를 강조하기 위해 이쑤시개로 얇고 길쭉한 얼 룩을 만든다.

패턴 6(얼룩 없음)
핑크 스피너 모란 Pink Spinner Peony

종이 100그램 라이트로즈 또는 아이보리 주름지
색 희석되거나 희석되지 않은 알파인로즈 또는 진홍색 수채물감 농축액
특별 지침 주름지 7.5×10cm 및 10×12.5cm 조각을 각 별도의 꽃잎으로 처리하고 수채물감 농축액 4방울과 물 1티스푼을 섞은 혼합물을 각각의 중심으로 물 줄무늬가 생기도록 붓질하고 몇몇 부분들은 칠하지 않은 채로 남긴다. 꽃잎 중심선 아래에 임의의 줄무늬로 추가하거나 대칭으로 안쪽으로 가늘게 만든다.

패턴 7(얼룩 없음)
돌연변이 미나리아재비 Ranunculus Café variations

종이 160그램 골드옐로 주름지
색 마호가니 수채물감 농축액 및 검정 인도 잉크
특별 지침 주름지를 물 2티스푼에 마호가니 농축액 8방울을 희석한 혼합물에 담궈 염색한다. 염색한 가장자리 위에 검정 잉크 3방울과 물 1티스푼을 혼합한 뒤 아래로 수직으로 붓질하는데 일부 노란 부분은 남긴다. 그런 후에 마호가니 농축액으로 반점을 만든다. 물감이 반 정도 마르면 희석하지 않은 검정 잉크로 붓질하면서 얼룩을 만든다.

패턴 8(가벼운 얼룩)
페퍼민트 스틱 백일홍 Peppermint Stick Zinnia

종이 100그램 복숭아/베이지 또는 아이보리 주름지
색 진홍색 농축액 수채물감 3방울과 물 2방울

꽃술로 만드는 꽃잎을 가진 꽃들

민들레
국화과 에키네이셔
유칼립투스
금잔화
폼폼스
2가지 방법으로 만드는 백일홍
도안 및 가이드

나는 민들레부터 백일홍까지 꽃술로 만드는 모든 꽃들에 남다른 애정을 가지고 있다. 나는 이 꽃들을 내 인생에서 가장 특별하고 소중한 시간에 만들곤 했다. 종이 조각을 꽃술처럼 자르는 과정은 때론 노력과 시간이 많이 들지만 그만큼 보람도 크다. 특히 4m가 넘는 꽃술을 만들 때는 스스로 매우 가치가 높은 일을 하고 있다고 생각한다. 이런 종류의 페이퍼 플라워는 깃털처럼 가볍고 색도 매우 광범위하게 활용할 수 있다. 여러분들이 헷갈리지 않을 범위 내에서 최대한 다양한 색상을 사용했으면 한다.

이 작업을 할 땐 도안 및 가이드를 잘 활용하는 것이 좋다. 그 페이지에서 각 조각을 어떻게 잘라야 할지 설명해놓았다. 그리고 우리가 잊지 말아야 할 것은 꽃잎이나 꽃술을 만들 때 건조 시간을 충분히 가져야 한다는 것이다. 대충 건조시킨 뒤 작업하면 다른 문제에 봉착할 수 있으니 작업할 때는 여유를 가지고 만들어야 한다.

민들레 dandelion

주름지로 만드는 민들레의 최대 장점은 꽃이 시들지 않는다는 것이다. 옛날옛날 우리가 들판을 거닐며 들꽃으로 팔찌를 만들었다고 가정해보자. 아마 그 들꽃을 팔찌로 만드는 순간은 매우 싱싱했을 것이다. 하지만 하루도 못 가 그 싱싱함은 퇴색되어버릴 것이다. 하지만 페이퍼 플라워는 다르다. 여러분은 이 작업을 통해 영원히 시들지 않는 팔찌를 만들 수 있을 것이다. 이것은 엄청난 가치와 매력을 주는 페이퍼 플라워만의 장점이다.

접착제
180그램 #576
딥 옐로 주름지
180그램 #575
브라이트 옐로 주름지
올리브그린 더블렛 주름지
연녹색 원예용 테이프
민들레 줄기
(198페이지 참조)
잎(205페이지 참조)

민들레의 구조는 꽃 아랫부분에 2겹으로 된 포엽이 줄기를 감싸고 있다. 그래서 먼저 줄기를 완성하고 꽃잎을 만드는 것이 좋다. 최대한 실물에 가까운 페이퍼 플라워를 만들기 위해 매 단계마다 꽃술과 꽃잎을 부드럽게 눌러 수평으로 펼쳐주는 것이 중요한다. 조금 더 자연스러움을 강조하고 싶다면 꽃술을 약간 집어주거나 작은 가위로 다듬어주면 된다. 또한 꽃술을 더하거나 빼는 방식으로 꽃의 변화를 줄 수도 있다. 이 책의 198페이지에는 민들레씨와 줄기에 대한 설명이 있다. 잘 활용하기 바란다. 페이퍼 플라워로 만든 민들레는 옆의 사진처럼 유리병에 한데 모아 잎과 함께 꽂아두는 것도 꽤나 멋지다.

• 154~155페이지의 도안을 참조하자.

민들레

1 180그램 #576 딥 옐로 주름지를 높이 약 6cm, 길이 약 10cm 크기로 잘라 종이를 늘려준다. 긴 조각 주름지를 마지막 0.5mm 정도 남기면서 미세하게 자른 다음 3~4cm로 절단한다. 앞에서 꽃술을 만든 방법과 동일하다. 꽃철사 꼭대기에 고리를 만들어 꽃술을 세심하게 붙인다. 꽃술이 떨어지지 않도록 조심하면서 베이스 주변에 가볍게 두드리듯이 접착제를 칠한다. 원뿔 모양으로 다듬고 꽃술 끝에 접착제가 묻지 않도록 주의한다. 모자 핀으로 아래에 있는 꽃술을 활짝 열어준다.

2 180그램 #575 브라이트 옐로 주름지에서 154페이지 도안 TYPE A민들레에 맞춰 높이 약 6cm, 길이 약 10cm 크기로 자르고 3~4cm로 절단한다. 1단계와 같이 꽃술을 만들고 모자 핀으로 끝을 접어 고리 형태로 만든다. TYPE A 꽃술은 90도로 구부려 바깥쪽으로 수평하게 만들 것이다.

3 2단계에서 붙인 꽃술을 모자 핀을 이용해 수평으로 만든다. 이것은 1단계에서 붙인 꽃술과 길이가 일치해야 하므로 필요에 따라 적절하게 조정한다. 기본적으로 꽃술이 중앙에서 바깥쪽으로 뻗치도록 손질하는 것이 중요하다.

4 3단계의 방법을 반복하며 형태를 다듬는다.

5 꽃술이 늘어나지 않게 감싸면서 모양을 잡는다.

6 2단계에서 만든 TYPE A 꽃술을 곡선으로 붙이면서 자연스러운 꽃의 형태로 잡아준다. 이때 차례대로 붙인 꽃술의 층을 만들어주는 것이 중요하다.

7 180그램 #575 브라이트 옐로 주름지에서 154페이지 도안 TYPE B 꽃술민들레에 맞춰 약 6cm, 길이 약 10cm 크기로 2개 자른 뒤에 꽃술을 만든다. TYPE B 꽃술은 TYPE A 꽃술보다 약 1.5mm 정도 길게 나올 정도로 붙여야 한다. 이때 엄지로 꽃 주위를 누르면서 세심하게 붙이고 살짝 흔들어주기도 한다. 모자 핀으로 각 층을 아래로 단단히 잡아당기면서 각 꽃술의 가닥을 분리시킨다. 꽃술은 꽃의 중심으로부터 바깥으로 튀어나오는 것이 중요하다.

8 층을 이룬 포엽의 경우 올리브그린 더블렛 주름지에서 높이 약 2.5cm, 길이 약 6cm 정도로 잘라 약 3mm 간격으로 길게 잘라준다. 포엽에 접착제를 바르고 꽃을 감싸 감아준다. 그런 다음 꽃잎 밑면에 있는 포엽을 모자 핀으로 다듬고 불필요한 부분은 잘라낸다.

더 작은 포엽들은 연녹색 원예용 테이프를 활용해 길이 약 7.5cm, 약 3mm 간격으로 잘라 뾰족한 꽃받침을 만든다. 올리브그린 포엽 밑에 연녹색 포엽을 감싸주는데 층이 다르게 붙여야 한다. 그리고 노출된 모든 줄기를 연녹색 원예용 테이프로 감싼다. 모자 핀을 사용해 포엽의 형태를 구부리면서 자연스럽게 다듬는다.

국화과 에키네이셔
echinacea supreme coneflower

접착제

글루건과 심

160그램
브라이트 모스 주름지

100그램 모스그린
또는 180그램 #600/5
그린옐로 옴브레 주름지
(포엽, 줄기, 잎)

녹색 천으로 감싼
16게이지 꽃철사

잎(205페이지 참조)

에키네이셔 수프림 칸탈루프

180그램 #576/9 캔디콘
옴브레 주름지

라이트 새먼/라이트 로즈
더블렛 주름지

에키네이셔 수프림 밀크셰이크

180그램 #576 딥 옐로
주름지

180그램 #577 딥 크림색
주름지

옅게 차로 물들인 180그램
#600 흰색 주름지

100그램 아이보리 주름지

아마 여러분은 에키네이셔 슈프림 같은 우스꽝스러운 꽃을 본 적이 없을지도 모른다. 이 꽃은 작은 해파리처럼 생겼다. 나는 몇 년 동안 잘 알려지지 않은 이 꽃을 주시해왔지만 이 글을 쓰면서도 아직도 이 꽃을 실제로 손에 쥔 적이 없다. 그래서 만약 내가 이 꽃을 실제로 보게 된다면 슈퍼스타를 보는 것처럼 설렐 것이고, 이 꽃에게 얼마나 열렬한 팬인지를 설명하고 싶다.

이 책에서 만들어내는 국화과 에키네이셔는 꽃술과 꽃잎의 조합이 중요하다. 특히 에키네이셔 수프림 밀크셰이크는 여러분이 먹고 싶을 정도로 사랑스러울 것이다. 혹시라도 이 꽃을 손질하는 동안 꽃의 머리가 마구 흔들린다면, 꽃 아래 구멍에 뜨거운 접착제를 주입해서 줄기에 고정시킨다. 그러면 수월하게 작업할 수 있을 것이다.

• 154~155페이지의 도안을 참조하자.

국화과 에키네이셔

1 우선 에키네이셔 수프림 칸탈루프는 180그램 #576/9 캔디콘 옴브레 주름지를 사용하고, 에키네이셔 수프림 밀크셰이크는 180그램 #576 딥 옐로 주름지를 사용한다. 154페이지 도안 TYPE C에 맞춰 주름지의 롤 끝에서 높이 약 2.9cm, 길이 약 30cm에 맞춰 자른 다음 꽃술을 만든다. 옴브레 주름지를 사용할 경우 오렌지색이 밖으로 나오도록 여러 조각을 겹쳐 비튼다. 160그램 브라이트 모스 주름지를 약 1.9cm, 길이 약 35cm로 잘라 촘촘하게 꽃술을 만든다. 옴브레 주름지를 사용할 경우 노란색 측면을 덮고 가장자리에 접착제를 발라 몇 가닥씩 말아준다.

2 에키네이셔 수프림 칸탈루프 중심의 경우 캔디콘 옴브레 주름지 롤 중앙에서 154페이지의 도안 TYPE D에 맞춰 높이 약 2.9cm, 길이 약 20cm로 자른다. 그리고 TYPE E에 맞춰 높이 약 2.9cm, 길이 약 30cm의 꽃잎 6장, 라이트 새먼/라이트 로즈 더블렛에서 3장, 캔디콘 옴브레 주름지 롤 끝에서 약 11cm와 약 14cm 사이에서 3장을 자른다.
에키네이셔 수프림 밀크셰이크 중심의 경우 칸탈루프의 긴 조각 치수와 비슷하게 180그램 #577 딥 크림 주름지에서 TYPE D 내부 꽃잎 1장과 차로 물들인 180그램 #600 흰색 주름지에서 TYPE E 꽃잎 6장을 자른다.

3 1~2단계에서 준비한 비튼 꽃술을 각 꽃의 색에 맞춰 줄기 철사 상단에 있는 작은 고리와 맞물려 접착제를 발라 수평을 유지하며 감싼다.

4 에키네이셔 수프림 칸탈루프는 TYPE E 꽃잎을 한 번에 하나씩 겹치면서 만드는데 라이트 살먼이 밖으로 보이도록 감싼다. 다 감쌌으면 꽃술의 형태가 자연스럽게 되도록 다듬는다. 에키네이셔 수프림 밀크셰이크는 칸탈루프의 지시 사항을 따르며 만들되 꽃술이 위를 향하도록 다듬는다.

5 꼬챙이로 꽃잎을 구부린 다음 가운데를 털어내며 꽃술을 매만진다. 하단 행의 끝부분을 약간 아래로 곡선으로 만들어 중심을 형성하도록 한다.

6 에키네이셔 수프림 칸탈루프는 라이트 새먼/라이트 로즈 더블렛 주름지에서 154페이지 도안 ECH-Large와 ECH-Small에 맞춰 꽃잎 20장, 에키네이셔 수프림 밀크셰이크는 칸탈루프와 같이 100그램 아이보리 주름지에서 20장 자른다. 자른 꽃잎은 엄지손톱을 앞뒤로 여러 번 움직여 각각의 꽃잎을 구부려 위로 살짝 주름을 만든다. 각 꽃잎 끝에 작은 둥근 V를 자르고, 그 다음에 접착제를 발라 가장자리를 살짝 말아준다. 그런 다음 꽃잎을 접착제나 글루건과 심으로 꽃술 밑 약 6mm 지점에 붙인다.

7 꽃술 주변에 꽃잎 2장을 불규칙한 줄로 붙이는데 꽃잎은 거의 겹치지 않게 엇갈린 쌍으로 배치한다. 꽃잎은 자연적으로 떨어지거나 구부러질 수 있고 끝은 항상 약간 안쪽으로 구부러져야 한다.

8 포엽과 줄기 그리고 꽃받침은 100그램 모스그린 또는 180그램 #600/5 그린옐로 옴브레 주름지를 사용한다. 줄기는 여러분이 원하는 색으로 감싸고, 포엽은 154페이지 도안 ECH-BRCT에 맞춰 자른 다음 꽃술과 꽃잎에 맞춰 접착제를 발라 감싼다.

유칼립투스 eucalyptus

접착제
옅게 차로 물들인 180그램
#600 흰색 주름지
100그램 갈색/회색 주름지
180그램 #567
연갈색 주름지
진홍색 수채물감 농축액
블랙커피
끝이 둥근 붓
연녹색 원예용 테이프
녹색 천으로 감싼
20게이지 꽃철사
바크 페이퍼
(63페이지 참조, 선택 사항)
잎(205페이지 참조)

유칼립투스는 페이퍼 플라워로 만들기에는 조금 이상한 선택이 될 수 있겠지만 이 꽃이 갖는 아름다움을 거부할 수 없어 이 책 목록에 넣었다. 이 꽃들은 우리 집 가까이, 내 마음속에 소중하게 깃들여 있는 골든게이트파크에 피어 있다. 유칼립투스는 아름다운 흰색과 초록의 색조를 가지고 있다. 그리고 땅에 떨어져 바삭바삭하게 마를 때 더 아름답다. 이 장에선 덤으로 말라버린 유칼립투스의 꼬투리도 만들어볼 것이다. 유칼립투스에 대해선 나보다 레오폴드와 루돌프 블라쉬카 Leopold and Rudolf Blaschka가 더 아름답게 조명하고 있다. 만약 여러분이 그의 식물성 유리 작품들을 볼 기회가 생긴다면 그의 연출에 깜짝 놀랄 것이다. 그렇다면 이 단락에서 제안하는 바크 페이퍼의 선택이 얼마나 조화로운지 한번 만들어보자.

- 154~155페이지의 도안을 참조하자.

유칼립투스

1 약 20cm 길이의 녹색 천으로 감싼 20게이지 꽃철사를 윗부분에서 아래로 약 4cm 안 되게 구부린 뒤 약 2.5cm 위로 되돌려서 단단한 S자 곡선을 만든다. 유칼립투스의 꼬투리는 154페이지 도안 EUC을 활용하면 쉽게 만들 수 있을 것이다. S자 곡선 주위를 연녹색 원예용 테이프로 묶은 다음 나선형으로 단단히 감싸서 약 1.2cm 정도 팽이 형태로 만든다. 꽃철사가 중앙에서 약 1cm 위로 튀어나온 상태에서 상단을 평평하게 유지한다.

2 단단히 감싼 유칼립투스 꼬투리의 표면을 부드럽게 만든 다음 둥근 붓의 끝부분을 활용해 원형 홈을 만들어준다.

3 옅게 차로 물들인 180그램 #600 흰색 주름지를 높이 약 1.9cm, 길이 약 12cm와 높이 약 3cm, 길이 약 12cm의 긴 조각으로 잘라 길이 약 22cm로 늘려 종이를 얇게 만든다. 이 긴 조각으로 세밀한 꽃술을 만든다. 100그램 갈색/회색 주름지를 높이 약 6mm로 잘라 3번의 사진에서처럼 유칼립투스 꼬투리에 감싼다. 그런 다음 그 위에 접착제를 사용해 꽃술을 감고, 모자 핀으로 끝을 안쪽으로 휘게 손질한다. 꽃술의 아랫부분은 갈색/회색 주름지로 꼬투리 주위를 감싼 부분의 상단에 있어야 한다.

4 모자 핀을 사용해 약 10도 각도로 꼬투리를 만나는 위치만큼 꽃술을 뒤로 당긴다.

5 꽃술 아래쪽을 높이 약 6mm의 갈색/회색 주름지로 감싼다. 그런 뒤에 나머지 꽃술을 감고 끝을 안쪽으로 휘게 한다. 꽃술의 표면을 부드럽게 손질하며 꼬투리의 측면과 동일 평면에 위치할 수 있도록 꽃술 하단이 정렬되게 다듬는다.

6 안쪽의 꽃술 층을 다시 다듬고 모자 핀으로 꽃술 바깥쪽을 안쪽에서 분리한다. 엄지손가락으로 모자 핀 사이를 조심스럽게 잡아당겨 바깥쪽 꽃술을 위아래로 돌린다. 약간 안쪽으로 쏠려 있는 면을 포함해야 바깥쪽 층 끝을 손질한다. 꽃받침은 갈색/회색 주름지로 감싼 뒤 180그램 #567 연갈색 주름지로 줄기를 감아준다.

7 말린 꼬투리를 만드는 경우 1단계를 따르되 바크 페이퍼로 덮어 상단 중심 주위를 방사형으로 모아 만든다. 꼬투리가 만들어지면 꽃철사를 자른다. 필요에 따라 줄기를 감싸도 괜찮다.

8 말린 꼬투리와 잎을 더 생생하게 만들고 싶다면 진홍색 수채물감 농축액과 블랙커피 1큰술을 섞은 뒤 줄기와 꼬투리에 가볍게 두들기듯 칠해준다.

금잔화 marigold

접착제
160그램 마리골드 주름지
올리브그린 더블렛 주름지
연녹색 원예용 테이프
대나무 꼬치
(꽃 한 송이당 하나씩)
잎(206페이지 참조)

금잔화는 주름이 많이 잡힌 꽃이지만 만들기가 어렵지 않다. 몇 년 전 '하나는 너를 위한 것, 하나는 나를 위한 것'이라는 작은 전시회를 가진 적이 있는데 약 1m의 굉장히 큰 페이퍼 플라워를 전시했다. 그것이 바로 금잔화다. 나는 아직까지 그 전시회가 매우 자랑스럽다. 그 전시회를 준비하는 동안 금잔화가 작품으로 만들어내기가 아주 쉽다는 것을 알게 되었다. 그렇다면 작은 꽃은 어떨까? 말할 나위 없이 쉽게 해낼 수 있을 것이다. 그럼 다양한 색의 금잔화를 만들어보자.

- 154~155페이지의 도안을 참조하자.

금잔화

1 금잔화의 꽃잎을 만들어보자. 160그램 마리골드 주름지에서 154페이지 도안 TYPE F와 TYPE G에 맞춰 높이 약 2.8cm, 길이 약 15cm 크기로 각 8장의 꽃잎을 자른다. 1번의 사진처럼 꽃잎이 연결된 상태로 유지하려면 하단 약 3mm의 테두리는 남겨야 한다. 그래야 이어진 꽃잎 형태를 만들 수 있다.

2 꽃잎의 긴 조각 아랫부분에 가볍게 접착제를 묻힌 후 엄지와 집게손가락을 사용해 꽃잎을 말고 구긴다. 총 16장의 꽃잎을 하나씩 손질하는데 헝클어뜨린 후 각 꽃잎을 다시 말아 굴리고 펴주면서 꽃잎 면이 계속 열려 있도록 한다.

3 대나무 꼬치에 TYPE F의 긴 조각을 붓을 활용해 접착제를 발라 모은다. 꽃잎을 단단히 조인 다음 2장의 꽃잎 안쪽에 접착제를 바른 뒤 감싸 각 꽃잎이 꽃 안쪽을 향하게 하고 중앙에서 위로 약 3mm 올린다. 대부분의 꽃잎은 말려 있기 때문에 완전히 펼쳐지지 않으면 전체적인 균형에 초점을 맞춰 꽃잎을 붙여야 한다. 최대한 꽃잎을 바깥쪽으로 향하게 해야 하지만 둥근 형태를 유지해야 한다. 꽃잎 밑을 단단히 쥐어 싸면서 작업한다.

4 둥근 모서리를 따라 각 꽃잎 중간까지 접착제를 발라 3장의 TYPE F 꽃잎을 추가한다. 이 꽃잎의 형태는 오목한 형태를 취해야 한다. 느슨한 아래쪽 가장자리 밑에 접착제를 바르고 꽉 쥐어 부드럽게 손질한다. 마지막 2장의 TYPE F 꽃잎을 추가하는데 약 3mm 위로 올라간 상태로 감싼다. 이때 꽃잎의 빈 공간을 채우듯이 붙여야 한다. 꽃잎 밑을 최대한 세게 쥐면서 꼬치를 뺐다가 넣는 동작을 통해 잘 붙었는지를 확인한다.

5 TYPE G 8장의 꽃잎은 2단계의 방법에 따라 손질한 후, 각 꽃잎의 위쪽 약 1.9~2.2cm 정도 펼쳐지게 한다. 꽃잎의 긴 조각 아래에서 중간까지 접착제를 바른 후 우선 2장의 꽃잎을 교차점 약 6mm 밑에 감는다. 다른 꽃잎은 약 1~2mm 아래로 내려 쌍으로 감는데 꽃의 밑부분을 꽉 조여 고정한다. 아래쪽 꽃잎은 수평이 되어야 한다.

6 160그램 마리골드 주름지에서 154페이지 도안 MAR에 맞춰 꽃잎 25장을 자른 다음 물결 모양이 되도록 구부리면서 다듬는다. 꽃잎 아래에 접착제를 발라 추가로 붙여준 뒤 연녹색 원예용 테이프로 단단히 감싸주며 꽃받침을 만들어준다.

7 원예용 테이프로 만든 꽃받침은 상단의 두 점을 잘라 꽃잎 아래 바깥쪽으로 굽어지게 한다. 화환에 사용하는 경우 꼬치를 제거하고 꽃받침을 깔끔하게 정리한다. 줄기가 있는 것으로 만들 경우 꼬치를 꽃 안쪽에 붙인 다음 원예용 테이프 1cm 높이의 둥근 결절로 감싸 꽃받침 바로 1.5mm 아래 밖으로 돌출시킨다. 잎과 줄기는 선택 사항이다. 원하는 대로 잎을 부착하고 결절과 줄기를 올리브그린 더블렛 주름지로 감싼다. 줄기에 완만한 곡선을 만들어주기 위해 꼬치를 부드럽게 구부리는 것도 좋은 방법이다.

8 꽃 중앙에 자연적인 녹색의 톤을 원한다면, 약 5cm의 올리브그린 더블렛 주름지를 찻숟가락 2큰술의 물에 담근 다음 그 색으로 꽃 중앙에 찍어 밤새 건조시킨다. 그러면 자연스러운 녹색 톤이 만들어질 것이다.

폼폼스 the pom-poms

접착제
글루건과 심

그린 트릭 패랭이꽃(GREEN TRICK DIANTHUS)
160그램 올리브 주름지
100그램 그린티 주름지
평평하고 뻣뻣한 붓
갈색 종이로 감싼 18게이지 꽃철사
잎(202페이지 참조)

라일락 양귀비(LILAC POM-POM POPPY)
180그램 #592 라일락 주름지
180그램 #590 라벤더 주름지
100그램 그린티 주름지
녹색 천으로 감싼 16게이지 꽃철사
잎(204페이지 참조)

블랙스완 양귀비(BLACK SWAN POPPY)
180그램 #602 검정 주름지
180그램 #584 고동색 주름지
180그램 #580 레드오렌지 주름지
날이 잘 선 가위
양귀비 중앙과 줄기
(113페이지 참조)
잎(204페이지 참조)

내가 만든 첫 번째 꽃술은 그린 트릭 패랭이꽃이다. 생물 분류학적으로 카네이션과 같은 속이다. 나는 이 꽃을 사랑스러운 웨딩 부케로 사용했고, 부케와 어울리는 공 모양의 초록색 부토니에르도 만들었다. 이후에 나는 이 공 모양의 꽃에 매료되었다. 다음으로 꽃술로 표현되는 꽃은 라일락 양귀비다. 이 꽃은 페이퍼 플라워에서 아주 다양하게 활용될 수 있다. 빨간 양귀비를 원한다면 빨간 주름지를 활용해도 좋고, 흰색을 원한다면 흰색 주름지를 활용해도 좋다. 그 다음으로 블랙스완 양귀비는, 특히 나에겐 매우 이국적인 꽃이다. 이 꽃을 만들 때는 책 앞부분에 나온 다른 종의 양귀비에서 만들었던 방법을 응용하면 많은 도움이 될 것이다. 페이퍼 플라워를 작업할 때는 꽃술과 꽃잎의 수를 더하거나 빼도 상관없다. 보기 좋고 자연스럽게 만들면 그뿐이다. 다만 꽃잎 조각과 가장자리의 수를 얼마나 더하거나 빼는지에 따라 꽃의 형태가 확 변할 테니 그 차이를 확인해보기 바란다. 때론 한쪽으로 치우친 것이 결코 나쁜 것만은 아니라는 것을 알 수 있을 것이다. 혹시라도 꽃 머리가 흔들린다면 줄기에 글루건을 활용해 고정한다. 얼룩 만들기와 염색 방법은 앞에서 설명했으니, 그것을 참조하기 바란다. 다만 종이가 다 건조할 때까지의 시간도 고려하면서 작업해야 한다. 더 화려한 버전은 221페이지의 부토니에르Boutonnière이니 참고하기 바란다.

* 154~155페이지의 도안을 참조하자.

그린 트릭 패랭이꽃

1 160그램 올리브 주름지에서 높이 약 2.9cm, 길이 약 30cm 크기의 긴 조각 13개를 자르고, 100그램 그린티 주름지에서 높이 약 4.5cm, 길이 약 30cm 크기의 긴 조각 13개를 자른다. 그리고 그린티 긴 조각에 올리브 조각을 붙여 라미네이팅한다. 그리고 위로 올라온 그린티 주름지를 날이 잘 선 가위로 미세하게 잘라 꽃술 형태로 만든다. 접착제를 바를 땐 붓을 이용한다.

2 꽃술 형태로 만든 긴 조각을 약 3.8cm 간격으로 약 1cm 깊이로 자른다. 약 1cm 간격으로 그린티 주름지에 접착제를 살짝 바른 뒤에 엄지와 집게손가락으로 잡아 꼬집듯 조이고 굴린다. 12개의 긴 조각에 이 작업을 반복한다. 접착제를 바르고 잡아 꼬집어 조이고 굴리면 된다.

꽃철사는 올리브 주름지에서 높이 약 6mm, 길이 약 7.6cm 크기로 잘라 감싸고 상단 약 1.25cm에 고리를 만들어 꽃술을 걸어주는데 그린티 면에 접착제를 발라 그린티의 색을 숨긴다. 한쪽 끝을 고리와 맞물리게 한 후 꽃술 조각을 단단히 잡아당겨 위는 가늘고 아래는 부채 모양의 쐐기가 되도록 만든다. 조심스럽게 당겨서 밀봉할 필요가 있는 것에 접착제가 묻은 붓으로 두드린 다음 단단히 모아 고정시킨다.

3 2단계가 마무리되면 꽃술을 다 밀봉한 후 11개의 꽃술 조각을 쐐기 형태로 만들어 2단계에서 만든 꽃술에 붙여준다. 꽃술은 동일한 거리만큼 배치하여 자연스러운 파동이 일어나도록 손질한다. 꽃술과 줄기에 빈틈이 보인다면 글루건으로 그 틈을 메우고 불필요한 부분은 가위로 잘라준다.

4 줄기 주위를 단단히 감싸고 있는 꽃술 진한 녹색 면에 접착제를 바르고 마지막 꽃술 조각을 단단히 붙인다. 마구 흐트러진 꽃술은 한곳으로 모아 보기 좋게 다듬는다. 잎을 만들고 싶다면 202페이지를 참조하자.

라일락 양귀비

1 180그램 #592 라일락 주름지에서 높이 약 3.1cm, 길이 약 30cm 크기로 10개를 자른다. 그리고 3개만 180그램 #590 라벤더 주름지를 활용해 페이퍼 온 페이퍼 염색 방법으로 얼룩 처리한다. 완전하게 마르면 7개의 염색되지 않은 긴 조각과 2개의 염색된 긴 조각을 155페이지 도안 TYPE H에 맞춰 자른다. 2개의 염색된 긴 조각은 염색이 된 가장자리를 따라 잘라야 한다. 남은 1개의 염색 조각은 4단계에서 큰 꽃잎을 만들 때 사용하니 잘 보관한다. 100그램 그린티 주름지에서 높이 약 2.5cm, 길이 약 5cm 크기의 조각을 잘라 155페이지 도안 TYPE I에 맞춰 자른다. 꽃철사는 상단 약 1cm에서 아래로 돌려 고리를 만들고 그린티 주름지 아래에 접착제를 발라 고리 중간에 감싸준다.

2 TYPE H 형태의 5개의 꽃술은 비틀고 말리면서 손질한 뒤 그린티 주름지로 감싼 부분에 정렬하면서 감아준다. 이때 각 조각 부분에 접착제를 발라 안정적으로 고정되도록 감아야 한다. 만약 뭉치가 줄기를 타고 올라가면 가운뎃손가락으로 누르면서 아래로 민다. 5개를 다 부착하면 10분간 접착제가 마르도록 기다린다.

3 나머지 4개의 TYPE H 꽃잎 꼭대기와 밑면만 풀어서 가운데 부분을 풀어준다. 그것을 펼쳐 한 번에 하나씩 접착제를 바르고 감아준다. 마지막 2개의 얼룩진 꽃잎은 수직과 수평 꽃잎이 교차하는 곳에 감싼다. 마지막 남은 꽃술 조각은 펼치고 아래쪽 층을 손질해 꽃술이 아래로 늘어지게 손질한다.

4 끝부분 색의 미묘한 효과를 내기 위해 180그램 #592 라일락 주름지에서 155페이지 도안 POMPOM1에 맞춰 4장의 꽃잎을 자른다. 모자 핀을 이용해 꽃잎 중심 가운데를 넓히고 잡아당겨 꽃의 가장자리가 아래로 늘어지게 다듬는다. 꽃잎에 구슬 형태의 글루건을 쏴 꽃술 형태의 꽃잎 밑 부분에 붙인다. 4번의 사진에서 보이는 것처럼 붙이면 된다.

블랙스완 양귀비

1 펼친 180그램 #584 고동색 주름지에서 높이 약 9cm, 길이 약 25cm 크기로 자른 긴 조각 하단에 펼치지 않은 180그램 #602 검정 주름지에서 높이 약 3cm, 길이 약 20cm 크기로 자른 긴 조각을 덮어 페이퍼 온 페이퍼 염색 기법을 사용해 얼룩을 만든다. 이것은 8단계에서 사용하는 것이니 건조한 후 따로 보관한다.

펼친 180그램 #584 고동색 주름지에서 155 페이지 도안 TYPE H에 맞춰 높이 약 4.5cm, 길이 약 30cm 크기로 15개, 펼친 180그램 검정 주름지에서 TYPE H에 맞춰 높이 약 4.5cm, 길이 약 30cm 크기로 6개, 길이만 약 15cm인 것 1개를 자른다. 펼친 180그램 #580 레드오렌지 주름지에서 높이 약 4.5cm, 길이 약 15cm 크기로 1개 자른다. 이렇게 자른 긴 조각을 TYPE H에 맞춰 촘촘하게 꽃술 형태로 자르는데 아랫부분에 약 1.25cm 정도 남긴다. 꽃의 꼬투리는 그린 트릭 패랭이꽃에서 만드는 것처럼 만들면 된다.

2 레드오렌지와 검정 긴 조각 6장을 다듬는다. 레드오렌지 긴 조각에서 자르지 않는 밑면에 접착제를 바르고 길이 15cm로 자른 검정 긴 조각을 붙인다. 그리고 레드오렌지 긴 조각의 남은 부분을 검정 긴 조각에 붙여 샌드위치 형태를 만든다. 길이가 짧은 레드오렌지 긴 조각도 이 같은 방식으로 만들어준다. 나머지 레드오렌지와 검정 긴 조각은 서로 붙여주기만 하면 된다.

3 2단계에서 작업한 샌드위치 형태의 꽃술 형태의 꽃잎은 하단에 접착제를 바르고 꽃잎 가장자리는 중앙에서 약 1.2cm 떨어진 위치에서 바깥쪽으로 기울여 꽃철사에 감아준다. 이때 첫 번째 줄에 붙인 꽃잎과 동일하게 높이를 맞추려면 다음에 감싸는 꽃잎의 아랫부분을 약 3mm 잘라주면 된다.

4 모든 꽃술 형태의 꽃잎은 무작위로 붙이는데 하나씩 따듯한 풀로 고정하면서 붙여야 한다. 풀이 따듯할 동안 조심스럽게 부채 모양 형태로 모양을 잡아주는데 꽃잎 아래 부분은 꽉 조여 꽃철사에 단단하게 고정시킨다. 작업이 끝나면 5분 동안 건조시킨 후에 모양을 다시 다듬는다.

5 4단계에 따라 2개의 부채꼴 모양의 부분을 추가하여 꽃 주위를 채운다.

6 4단계를 반복하여 최종 부채 모양 부분을 만든다. 꽃잎을 배치할 때는 활짝 펼쳐지도록 붙여준 뒤 다시 한 번 모아주는 것이 좋다. 꽃잎의 하단을 곡선 형태로 약 6mm 자르고 아래 모서리를 비스듬히 다듬는다. 잘라낸 부분에 글루건을 쏘아 잘 고정되도록 손질한다.

7 날이 잘 선 가위를 수직으로 향하게 한 상태에서 양귀비 머리를 불규칙하게 10~15번 잘라준다. 만약 꽃잎이 잘 고정되지 않는다면 꽃잎 아래에 접착제를 발라준다.

8 1단계에서 작업한 얼룩진 긴 조각을 155페이지 도안 POMPOM2에 맞춰 4장을 잘라준다. 그리고 각 꽃잎에 글루건을 쏘아 꽃잎 밑 부분에 붙여준다. 네잎클로버처럼 똑같은 간격을 두고 붙이면 블랙스완 양귀비는 완성이다.

2가지 방법으로 만드는 백일홍
zinnias two ways

접착제
글루건과 심
100그램 또는 180그램
모스그린 주름지
(줄기를 감쌀 때 사용)
올리브그린 더블렛
(꽃받침용으로 물에 적셔
건조한 후 사용, 선택 사항)
연녹색 원예용 테이프
갈색 천으로 감싼
18게이지 꽃철사
잎(206페이지 참조)

베너리스 자이언트 백일홍
(BENARY's GIANT ZINNIA)
180그램 #566 페일그린 주름지
160그램 라이트새먼 주름지
100그램 복숭아/베이지 주름지
브라이트 옐로 주름지
이쑤시개

스카비오사 백일홍
(SCABIOSA-FLOWERED ZINNIA)
100그램 스칼렛(진홍) 주름지
(또는 고동색 주름지)
180그램 #577 딥 크림 주름지
160그램 라이트새먼 주름지
100그램 복숭아/베이지 주름지
180그램 #569 페일핑크 주름지

내 생각일지는 모르겠지만 페이퍼 플라워로 만든 백일홍을 찾기는 쉽지 않다. 왜냐하면 내가 직접 만들기 전까지는 한 번도 본 적이 없기 때문이다. 백일홍은 내가 좋아하는 꽃 중의 하나다. 백일홍은 다양한 색의 주름지를 활용할 수 있는 훌륭한 표본이다. 베너리스 자이언트와 스카비오사 종 모두 상징적이며 단색의 밝은 꽃 머리와 미묘하고 오래된 느낌의 투톤이 특징이다. 스카비오사 백일홍은 스노우볼처럼 보송보송하면서도 몽환적인 느낌이 있다. 앞에서 만들었던 에키네이셔 수프림 칸탈루프처럼 약간 모호한 꽃이기도 하다.

스카비오사의 중심 꽃술은 베너리스 자이언트 백일홍에도 사용 가능하다. 이때 주의할 점은 2가지 꽃의 꽃잎에 160그램 또는 180그램 주름지를 사용하는 경우 꽃잎 조각을 자르기 전에 손에 힘을 뺀 상태로 종이를 최대한 늘려줘야 한다는 것이다. 100그램의 주름지는 그대로 사용하면 된다. 베너리스 자이언트 백일홍의 마지막 꽃잎 몇 개는 글루건으로 부착해야 정확하게 붙일 수 있다. 꽃이 완성되면 가장자리에 여분의 컬링을 주는 것이 좋은데 필수 사항은 아니다. 베너리스 자이언트 백일홍 꽃잎은 주름을 만드는 데 공을 들여야 하는데 그만한 가치가 있다는 것을 알게 될 것이다.

* 154~155페이지의 도안을 참조하자.

베너리스 자이언트 백일홍

1 우선 꽃봉오리를 만들어보자. 180그램 #566 페일그린 주름지에서 높이 약 1.9cm, 길이 약 20cm 크기의 긴 조각을 자른 뒤 꽃술 형태로 만든다. 모자 핀을 활용해 자연스러운 꽃술 형태로 손질한다. 그리고 꽃철사 꼭대기에서 약 6mm 아래 고리를 만들어 꽃술 조각과 연결한다. 약 7.5cm까지는 수평을 이루며 감아주고, 나머지 부분은 서서히 나선형을 그리며 위로 감아준다.

2 최대한 강하게 늘린 160그램 라이트새먼 주름지에서 높이 약 2.2cm, 길이 약 7.6cm 크기의 긴 조각 3개와 높이 약 2.7cm, 길이 약 6.3cm 크기의 긴 조각 3개를 자른다. 모든 조각은 약 1.6cm 간격으로 촘촘하게 잘라주는데 길이가 짧은 조각은 약 3mm보다 적게 공간을 주고, 길이가 긴 조각은 약 3mm보다 크게 공간을 두면서 자른다. 모든 꽃술 형태의 꽃잎은 위로 당기고 구부러뜨리면서 자연스럽게 모양을 손질하는데 길이가 짧은 것 1개와 길이가 긴 1개는 이쑤시개로 접착제를 묻혀 주름을 잡는다. 그런 다음 작은 가위로 꽃잎 모서리를 둥글고 가늘게 잘라낸다.

3 1단계에서 작업한 것에 길이가 짧은 꽃잎을 중심에서 약 1.5mm 위로 감아준 다음 길이가 긴 꽃잎을 약 1.5mm 위로 감는다. 필요에 따라 꽃잎 배치를 조정한다. 그리고 접착제로 주름을 잡지 않은 꽃잎을 약 3mm 위로 감아주고 보기 좋게 손질한다.

4 100그램 복숭아/베이지 주름지에서 높이 약 2.5cm, 길이 약 15cm 크기 1개와 높이 약 2.2cm, 길이 약 22cm 크기 4개를 자른다. 길이가 약 15cm인 조각 1개와 길이 약 22cm 조각 1개를 잘라주는데 약 1.9cm 깊이로 약 5mm 간격으로 자른다. 나머지 길이 약 22cm 조각은 약 6mm 간격으로 잘라준다. 5개의 꽃잎 모두 모서리를 둥글고 가늘게 잘라주고 모자 핀과 엄지로 끝을 당겨 구부리고 약간 끝을 넓힌다.

5 글루건을 사용하여 먼저 길이 약 15cm의 꽃잎을 감고 길이 약 22cm인 꽃잎은 약 3mm 높게 감싼다. 꽃잎은 아래쪽으로 향하도록 손질하고 위치는 수평이 되도록 조정한다. 마지막 2개의 꽃잎 조각은 앞선 것보다 더 짧거나 길지 않게 붙인다. 완성된 모습은 꽃잎의 끝이 아래로 향해 있어야 한다.

6 라이트새먼 주름지와 브라이트 옐로 주름지에서 너비 약 3mm, 높이 약 1.2cm 크기의 작은 눈물 모양을 몇 개 자른다. 이쑤시개에 접착제를 묻혀 작은 눈물 모양의 꽃잎을 꽃 중앙에 불규칙하게 붙인다.

7 꽃받침을 만들어보자. 올리브그린 더블렛 주름지에서 높이 약 2.2cm, 길이 약 20cm 크기로 잘라 깊이 약 1.2cm, 간격 약 3mm로 잘라준다. 꽃받침 끝을 둥글게 자른 다음 꽃잎 가까이 붙인다. 그런 다음 연녹색 원예용 테이프로 감싸준다. 만약 여러 장을 붙일 경우 약 1.5mm 사이를 두어 층을 만들어 붙이면 더 생화 같은 느낌을 줄 수 있다.

8 투톤의 백일홍의 경우, 4단계에서 내부 색상을 다양하게 만들 수 있다. 180그램 #558 라임그린, 100그램 복숭아/ 베이지, #600/4 로즈 옴브레, 100그램 핫핑크, 100그램 다크핑크, 페일핑크와 살구 더블렛 등의 주름지를 사용하면 더욱 다채롭게 만들 수 있다. 여기서 내가 가장 좋아하는 캔디 스트라이프 주름지도 포함하면 더욱 좋다.

스카비오사 백일홍

1 우선 꽃봉오리를 만들어보자. 늘린 100그램 스칼렛 주름지에서 높이 약 2.5cm, 길이 약 12cm 크기로 잘라 꽃술 형태로 만든 후, 끝을 모자 핀으로 구부린다. 그것 하단에 접착제를 바른 후 갈색 천으로 감싼 18게이지 꽃철사에 나선형으로 감아준다. 180그램 #577 딥 크림 주름지에서 높이 약 2.5cm, 길이 약 15~20cm 크기로 잘라 촘촘하게 꽃술 형태로 잘라준다. 그리고 그것의 끝을 가볍게 뭉치고 펼치면서 자연스러운 굴곡을 만들어준다. 그것 하단에 접착제를 바르고 스칼레 꽃술을 감은 약 3mm 위로 느슨하게 감아주고 중심 오목한 부분은 항상 열어준다.

2 최대한 늘린 160그램 라이트새먼 주름지에서 높이 약 2.5cm, 길이 약 15cm 크기의 조각을 4개 자른다. 늘리지 않은 100그램 복숭아/베이지 주름지에서 앞의 크기와 비슷하게 4개를 자르고, 180그램 #569 페일핑크 주름지에서 앞의 크기와 비슷하게 5개를 자른다. 모든 꽃잎 조각은 155페이지 도안 SFZ 1~4에 맞춰 각 중심을 자르는데 간격을 다르게 해야 한다. 좀 더 자세하게 설명하면 이렇다. 라이트새먼 조각 2개에서 깊이 약 1.9cm, 간격 약 3mm로 자르고, 나머지 라이트새먼 조각 2개와 1개의 복숭아/베이지에서 깊이는 같고 간격만 약 5mm, 나머지 2개의 복숭아/베이지에서 깊이는 같고 간격만 약 6mm, 나머지 조각에서 깊이는 같고 간격만 약 8mm 띄운 상태에서 잘라준다. 꽃잎 모서리는 둥글고 가늘게 만든 다음 모자 핀과 엄지로 꽃잎 끝을 당겨 조금 넓힌다.

3 한쪽 방향으로 각 꽃잎 조각을 부드럽게 비튼다. 가장 얇은 것부터 가장 두꺼운 꽃잎까지 작업한 다음 꽃잎 조각의 레벨을 유지하면서 딥 크림 꽃잎을 먼저 감아주고 그 다음으로 라이트새먼 꽃잎을 감아준다. 라이트새먼 꽃잎은 약 1.5mm 위에서 감아준다. 감기 전에 꽃잎 아랫부분에 접착제를 바르는 것을 잊지 말자.

4 라이트새먼 꽃잎 주위에 복숭아/베이지 꽃잎 4개를 감아준 뒤 라이트새먼과 정렬되게 정리한다. 모자 핀을 사용해 꽃잎 끝이 아래쪽으로 향하도록 손질한다.

5 글루건을 사용하여 페일핑크 꽃잎 5장을 붙이는데 복숭아/베이지 꽃잎과 밑이 정렬된 상태로 3장의 꽃잎을 감싸고, 마지막 2장의 꽃잎은 앞에서 감싸준 것에서 1.5mm 떨어진 위치에 감아준다. 모든 꽃잎은 손으로 살짝 부풀려준다.

6 글루건으로 하단 구멍을 채운다. 그런 다음 페일핑크 주름지에서 155페이지 도안 SFZ5 16장과 SFZ6 8장의 꽃잎을 자른다. 각 SFZ5 꽃잎은 엄지손톱으로 가운데 칼 선을 만들어주고 끝을 위로 감는다. 각 SFZ6 꽃잎은 뒷면을 엄지손톱으로 여러 번 당겨 밑으로 컬을 만든다. 접착제를 묻힌 SFZ5와 SFZ6 꽃잎을 꽃술 형태의 꽃잎에 붙여주는데 겹치거나 틈이 있을 수 있으니 임의적으로 자연스럽게 붙여주면 된다.

7 꽃받침을 만들 차례지만 앞에 베너리스 자이언트 백일홍의 꽃받침과 똑같은 방법으로 만들면 된다.

8 이 장에서 제시한 백일홍은 수십 개의 투톤 파스텔 조합과 완벽한 주름지에서 탄생할 수 있다. 내가 제일 좋아하는 조합은 안은 페일핑크로, 바깥은 화려한 색으로 감싼 형태다. 여러분도 다양한 색의 조합으로 실제의 꽃에선 얻지 못하는 색의 향연을 느껴보기 바란다.

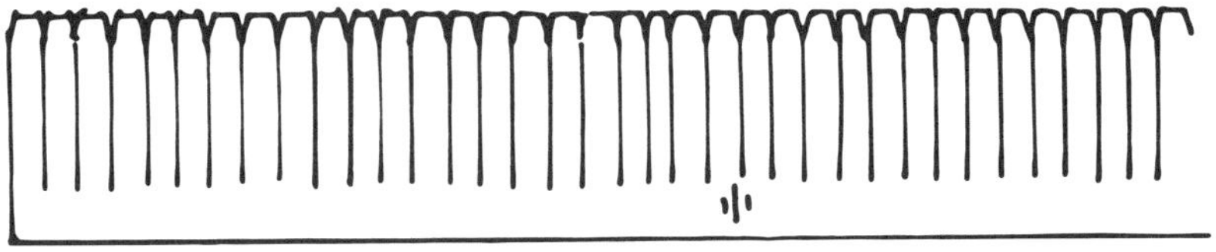

도안 및 가이드

TYPE A 꽃잎(민들레)

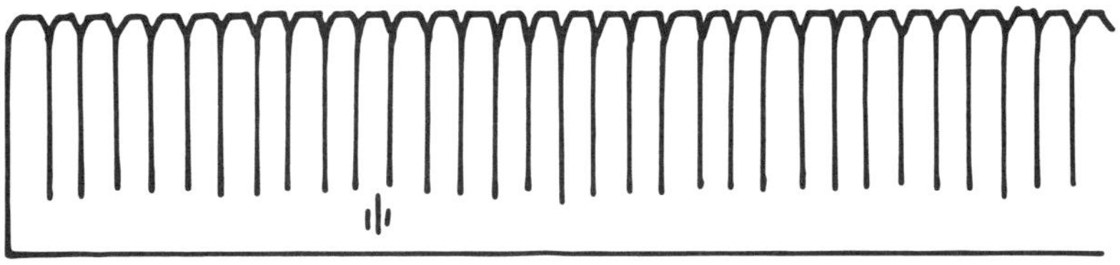

TYPE B 꽃잎(민들레)

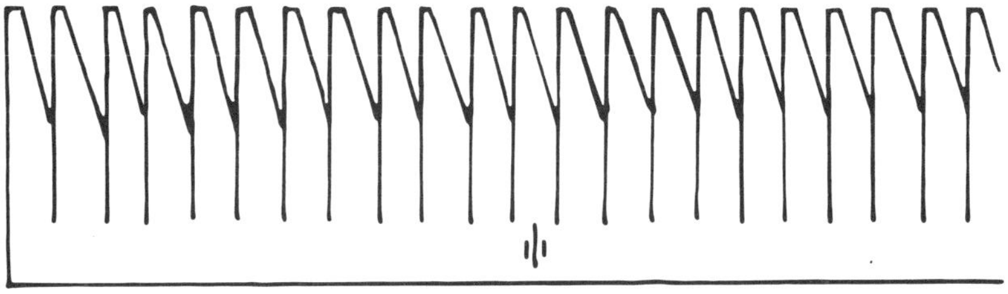

TYPE C 꽃술(에키네이셔)

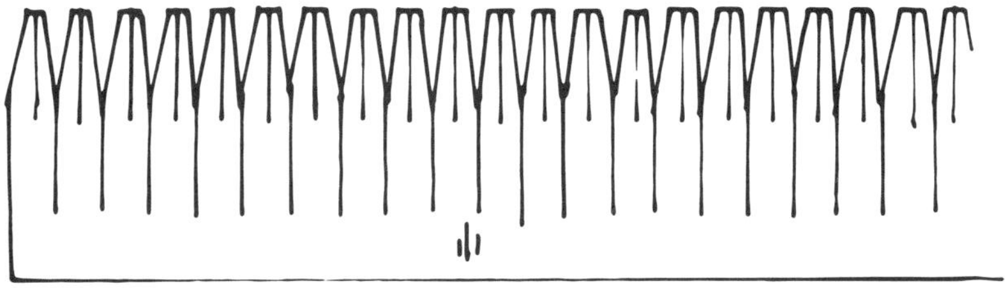

TYPE D 꽃잎(에키네이셔)

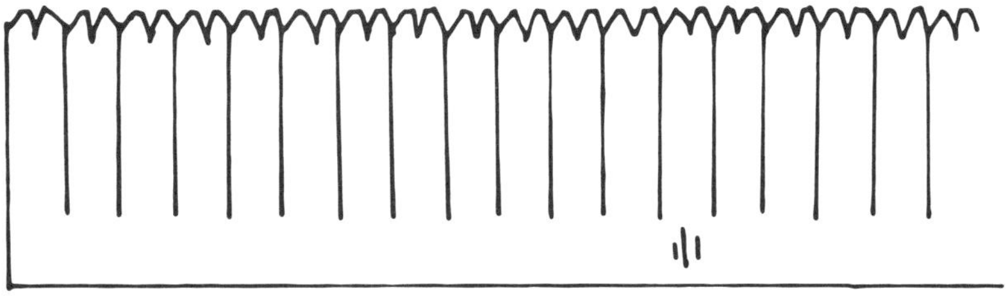

TYPE E 꽃잎(에키네이셔)

EUC
유칼립투스 꼬투리

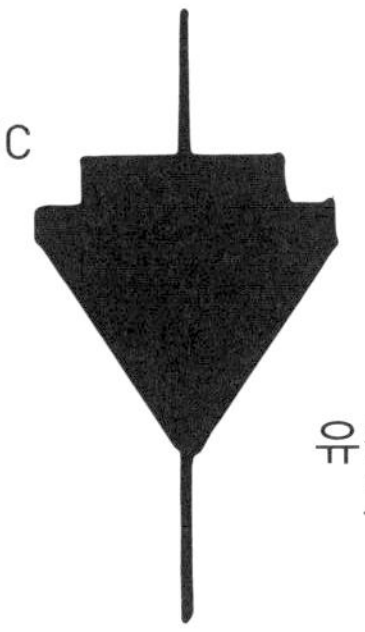

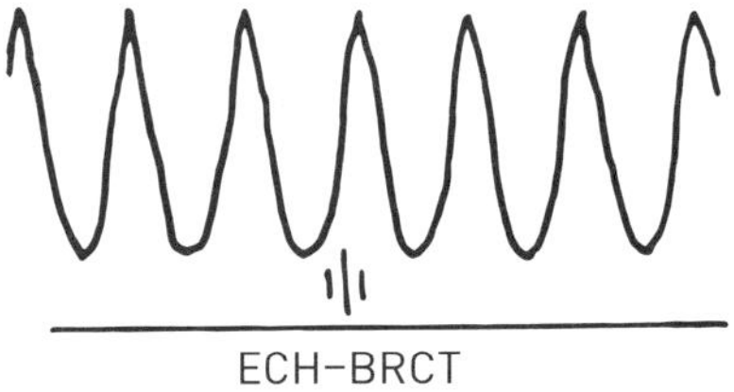

ECH-BRCT
에키네이셔 포엽

*TYPE F 꽃잎 (금잔화)

*8개의 접힌 층을 자르세요.

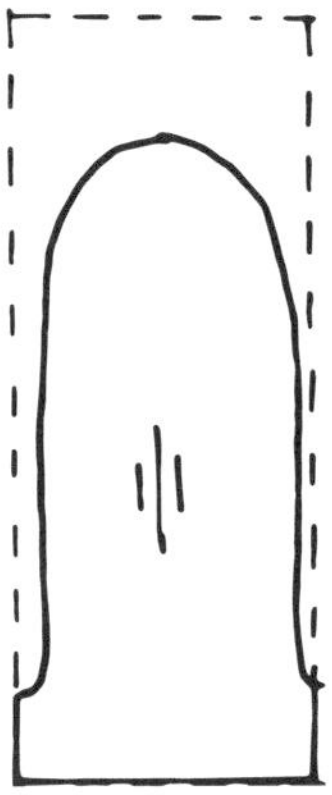

*TYPE G 꽃잎 (금잔화)

*8개의 접힌 층을 자르세요.

MAR
금잔화

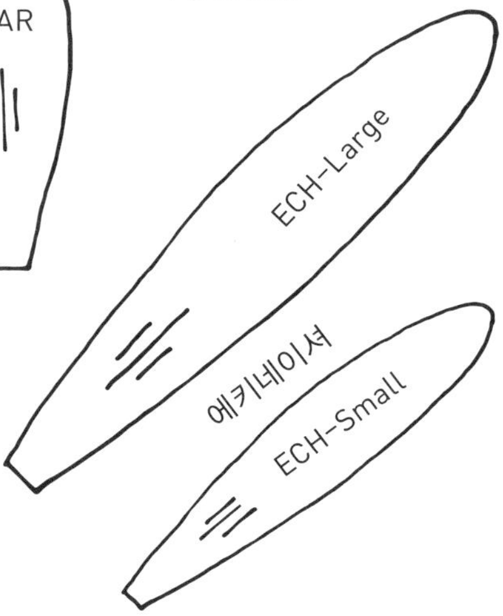

ECH-Large
에키네이셔
ECH-Small

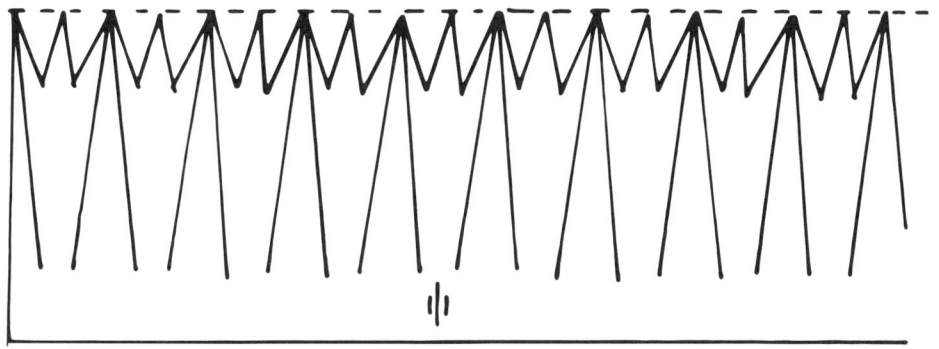

TYPE H 꽃잎(폼폼스)

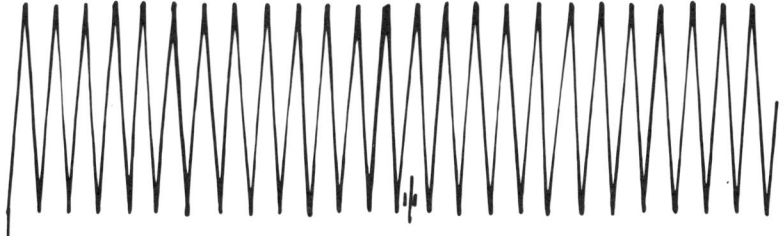

TYPE I 꽃술(라일락 양귀비)

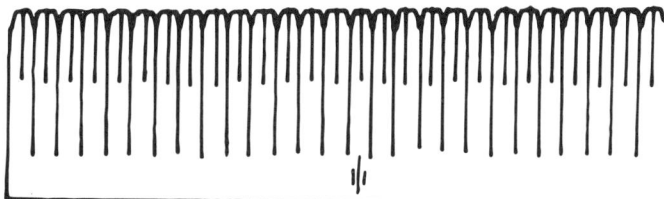

SFZ1 꽃잎
(스카비오사 백일홍)
(약 3mm)

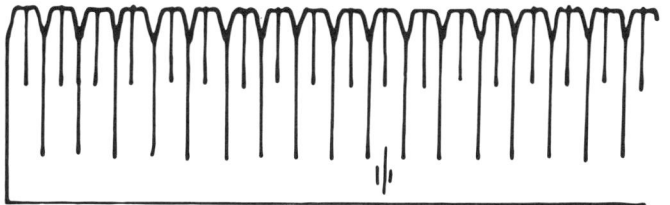

SFZ2 꽃잎
(스카비오사 백일홍)
(약 5mm)

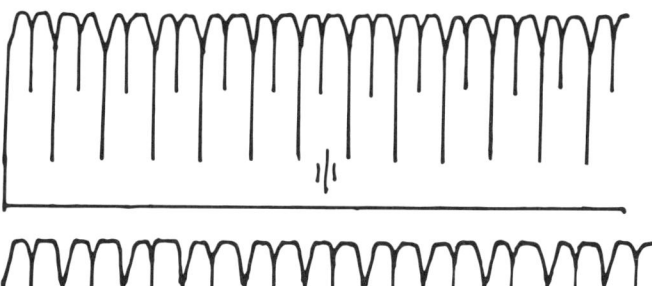

SFZ3 꽃잎
(스카비오사 백일홍)
(약 6mm)

SFZ4 꽃잎
(스카비오사 백일홍)
(약 8mm)

라일락 양귀비

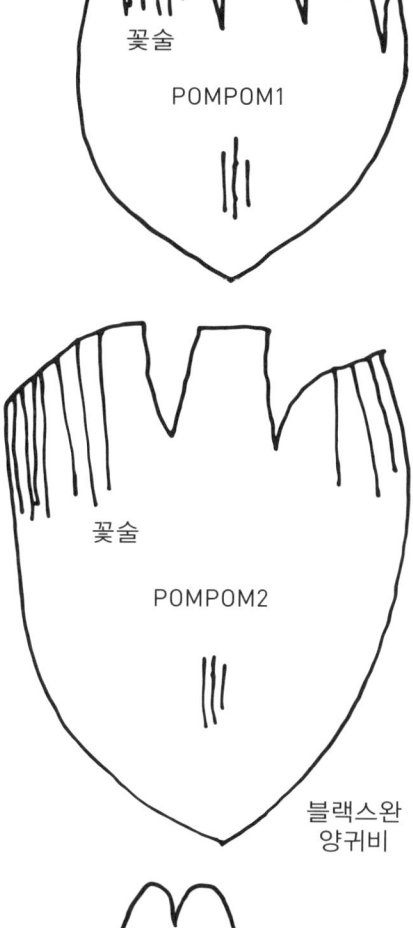

블랙스완
양귀비

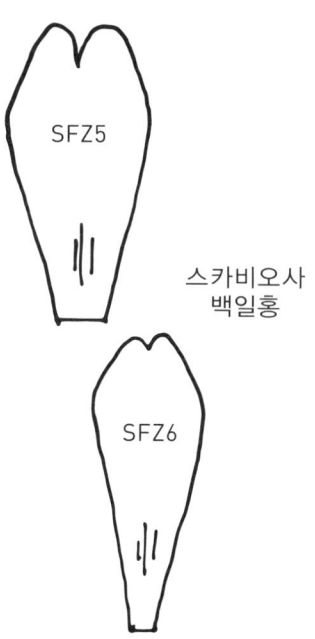

스카비오사
백일홍

스페셜 테크닉
불완전함과 시듦 : '죽은' 페이퍼 플라워

내가 페이퍼 플라워 공예에서 추구하는 것은 시들어가는 식물의 모습을 담아내는 것이다. 시들어가는 꽃은 종종 내게 말을 걸곤 한다. 삶은 일시적인 순간일 뿐만 아니라 전혀 균형적이지 않다는 듯, 꽃으로 알려준다. 실제의 꽃에 많은 움직임이 있다면 곧 무너져 대칭성을 잃어갈 것이다. 그래선지 오랫동안 제자리에 붙어 있으면서 아름다운 긴장감을 잃지 않으려고 한다. 꽃잎이 떨어지기 직전의 양귀비를 보라. 어깨를 한껏 뒤로 젖히고 가슴을 연 모습으로 자연에 굴복한 꽃잎은 내 마음을 아프게 한다.

누가 자신의 작품에 이러한 모습을 담기를 주저하겠는가? 시들어가는 꽃을 묘사하다 보면 예술에 대한 실험과 도전을 보여주는 기회가 되기도 한다. 예술과 죽음은 영원히 함께 해왔으며, 페이퍼 플라워 공예는 입체적으로 꽃이 시들어가는 모습을 묘사하는 데 적합하다. 이미 죽은, 혹은 죽어가는 꽃을 페이퍼 플라워로 형상하는 일은 내게 어떤 것보다 굉장히 강력하고 흥미롭다. 다음은 죽어가는 꽃을 형상화하는 데 있어 완벽하게 혹은 불완전하게 만드는 몇 가지 아이디어를 소개한다.

관찰

어떤 공예든 관찰은 굉장히 중요한 부분이다. 특히 페이퍼 플라워에선 실제 꽃이 어떻게 시드는지, 꽃잎이 어떻게 떨어지는지 관찰하는 것이 중요하다. 꽃잎의 위치가 어떻게 변하는지, 수술 중에 남는 것은 무엇이고, 꽃이 마르면서 꽃잎 모양이나 일부분의 색이 어떻게 변화하는지, 줄기는 어떤 자세로 있는지 관찰을 통해 세심하게 살펴야 한다. 썩어가는 달리아 꽃잎은 슬픈 사자의 갈기처럼 꽃 머리 위로 무너져 내리고, 장미는 꼿꼿이 서 있는 상태를 유지하면서 질감과 색상만 변화한다. 테이블을 장식하기 위한 모란은 시들면서 꽃잎이 테이블 위로 내려앉고 끝부분은 움츠러들면서 중앙 부분은 쪼글쪼글해진다.

주름지 색상

시들어가는 꽃잎을 만드는 데는 흰색 주름지에 진한 홍차로 가장자리를 물들인 것이 적합하다. 가장자리는 갈색으로 변했지만 안쪽으로 들어가면 여전히 신선한 색을 유지하고 있다. 많은 양의 홍차로 물들인 주름지는 불규칙한 갈색 톤을 띠는데 이것은 한꺼번에 시드는 꽃잎을 만들 때 적절하다. 달리아처럼 시들면서 색이 짙어지는 꽃의 경우, 밝은 색의 더블렛에 소량의 커피를 사용해 지저분하고 어두운 버전으로 표현하면 좋다. 완전히 시든 꽃의 경우 펼쳐진 180그램 #567 연갈색 주름지가 적합하다. 오래된 나뭇잎에는 칙칙한 느낌의 180그램 #562 더스티그린 주름지가 좋다.

주름지 질감

주름지의 질감은 31페이지의 부수기, 구기기와 꼬기 방법을 참조해 꽃잎의 구겨진 질감을 표현한다. 꽃잎을 대신한 주름지를 꼬집거나 말고 접고 찢는 것에 주저하지 말자. 꽃잎이 떨어지면 중력이 작용해 오므라든다. 그래서 가끔 난 전체적으로 시든 꽃을 표현하는 작업을 할 때면 생화를 밟아 그 느낌을 표현하기도 한다.

꽃잎 하나하나 : 달리아와 다른 아름다운 꽃

이 장에선 전시회에서 주목을 끈 것과 상을 수상한 작품들을 만들어볼 것이다. 달리아와 모란은 크기가 제각각으로 만들 수 있기 때문에 이 모든 것을 알려면 꽤나 번거로울 수 있다. 이 중 일부를 설명한 것이니 책에서 제시하는 대로 만들어보기 바란다. 달리아와 모란은 조금만 신경을 써서 만들면 정말로 아름다운 페이퍼 플라워가 될 것이다.

다만 달리아와 미나리아재비을 만들 때 마치 공장에서 찍어낸 듯한 느낌을 피하는 것이 좋다. 그래서 장미를 만들 때처럼 꽃잎을 배치하는 방법에 대해 상세하게 설명할 것이다. 그 과정에서 자연 특유의 불규칙하고 튀는 느낌을 표현할 수 있을 것이다. 더불어 이러한 꽃의 특징을 표현하기 위해선 정원이나 꽃 농장을 방문해 관찰하는 것이 좋다. 그리고 시간적 여유를 두고 작업하다 보면 결과물이 달라질 테니 좀 더 느긋한 마음으로 작업하기 바란다.

디너플레이트 달리아
중심부가 열린 달리아
더블 봄 모란
시든 코럴 참 모란
미나리아재비
도안 및 가이드

디너플레이트 달리아
dinnerplate dahlia

접착제

글루건과 심

180그램 #600/1
라즈베리 옴브레 주름지

100그램 복숭아/베이지
주름지

180그램 #600/5
그린옐로 옴브레 주름지
(안쪽 꽃받침)

올리브그린 더블렛 주름지
(바깥쪽 꽃받침)

넓고 단단한 붓

흰 천으로 감싼
24게이지 줄기 철사

진홍색 농축액 수채물감

막 써도 되는 수건

연녹색 원예용 테이프

갈색 종이로 감싼
18게이지 줄기 철사

잎(206페이지 참조)

꽃봉오리(198페이지 참조)

모드포지(선택 사항)

나는 달리아를 굉장히 좋아한다. 6월과 7월 달리아가 피는 계절이 되면 나는 골든게이트파크 달리아 정원으로 가 만연하게 피어 있는 꽃을 보곤 한다. 내가 대규모로 작업한 첫 페이퍼 플라워는 달리아였고, 다들 그 크기에 놀랐다. 나는 달리아 꽃잎의 깃털 같은 느낌과 패턴 그리고 색상을 좋아한다. 누구든 식탁에 놓인 달리아를 본다면 미묘한 톤과 불규칙한 곡선을 그리는 꽃잎에 감탄할 것이다.

달리아는 결혼식 연회 테이블에 놓이면 정말로 예쁘다. 더 큰 모양과 구조로 만들면 누구든 매료될 것이다. 나는 꽃잎을 뭉쳐놓기보다 살짝 펼쳐진 것을 더 선호한다. 그리고 중심부에 빙빙 돌려져 있는 꽃잎을 선호하지만 여러분은 생략해도 좋다. 페이퍼 플라워로 만드는 달리아는 지름이 약 15~18cm이지만 실제의 꽃은 25~30cm 정도 자라니 참고하기 바란다.

• 188~189페이지의 도안을 참조하자.

디너플레이트 달리아

1 브라운 종이로 감싼 18게이지 줄기 철사 상단 약 6mm 아래에서 고리를 만든다. 원예용 테이프로 묶어 약 1.6cm 지름의 공으로 만든 다음 라즈베리 옴브레 주름지로 감싼다. 180그램 #600/1 라즈베리 옴브레 주름지와 100그램 복숭아/베이지 주름지의 끝 약 14~18cm 사이에서 3.8cm×10cm 크기의 종이 조각을 3개 자른다. 이때 주름지는 손으로 최대한 늘리도록 한다. 잘라낸 조각은 삼각형 형태로 자르되 하단 약 6mm 정도는 남겨둔다. 그리고 각 삼각형은 오목하게 손질한다. 라즈베리 조각에 복숭아/베이지 조각을 접착제를 발라 붙이고, 아랫부분의 높낮이를 맞춰 공 주변에 풀칠한다. 끝부분을 꼬집어서 안으로 넣는다. 최대한 늘린 100그램 복숭아/베이지 주름지 끝 약 14~18cm 사이에서 188페이지 도안 DD1에 맞춰 3장을 자른다. 3장의 꽃잎은 끝을 오목하게 모자 핀으로 살짝 말아 굽히고 손톱으로 살짝 핀 후 글루건을 이용해 꽃잎 끝을 말아준 후 임의적으로 위아래로 향하게 한다. 만약 다음 단계에서 굽힌 꽃잎을 사용하지 않는다면 100그램 복숭아/베이지 주름지에서 DD1 꽃잎을 12장 추가하도록 한다.

2 180그램 #600/1 라즈베리 옴브레 주름지 끝부분 약 14~20cm가량 펼친다. 100그램 복숭아/베이지 주름지에서 188페이지 도안 DD2에 맞춰 3장을, 라즈베리 주름지에서 4장을 자른다. 라즈베리 꽃잎 2장과 복숭아/베이지 꽃잎 1장에 접착제를 바르고 흰 천으로 감싼 24게이지 줄기 철사에 부착하고 각각 아래로 약 2.5cm가량 나오게 한다. 줄기 철사 위로 꽃잎을 달고 중심부를 다시 열고 휜 꽃잎 모양으로 다시 잡는다.
라즈베리 꽃잎의 경우 색이 있는 면을, 양면에 색이 있는 꽃잎의 경우 바깥 면을 오목하게 만든다. 바닥 부분에 1단계의 DD1 꽃잎을 글루건으로 부착하고 손질한다. 꽃잎 중앙 부분에 임의적으로 글루건을 쏴 약 2~2.5cm가량 열리게 한다. 굽힌 꽃잎을 중심부 가까이 부착하고 약 2~2.5cm가량 다시 열리게 한다. 양면에 색이 있는 꽃잎은 기울여 두 가지 색 모두를 보이게 한다. 일부 꽃잎을 다른 꽃잎 바로 앞에 위치하게 하고, 꽃잎 끝을 높거나 낮게 배치해 거리가 일정하지 않도록 한다. 만약 흰 부분이 부족하다면 복숭아/베이지 DD2 꽃잎 12장을 더 추가한다. 이 꽃잎 작업이 끝나면 남은 바닥 부분과 철사를 제거하도록 한다.

3 180그램 #600/1 라즈베리 옴브레 주름지 끝부분 약 12.7~22.2cm가량 펼친다. 복숭아/베이지 주름지에서 188페이지 도안 DD3에 맞춰 4장과 양면에 색이 있는 부분에서 12장 자른다. 2단계에 맞춰 복숭아/베이지 주름지로부터 DD3 꽃잎 20장을 잘라낸다. 4장의 라즈베리, 1장의 복숭아/베이지 그리고 4장의 양면 꽃잎의 복숭아색 면에 흰 철사를 댄다. 꽃잎을 와이어 위로 달고 양면 꽃잎을 뒤로 젖혀 일부 열리게 한다. 나머지를 중심부에서 열고, 휜 꽃잎 모양으로 굴리되 일부는 느슨하게, 일부는 단단하게 만든다. 남은 꽃잎을 오목하게 만들고 양면 꽃잎의 경우에는 라즈베리색이 바깥을 향하게 한다. 168페이지 5단계를 참조하면서 꽃잎을 대각선으로 주름을 잡고 절반을 굽힌다. 1단계 DD1 꽃잎처럼 나머지 DD3 꽃잎의 끝을 휘게 한다. 그리고 일부 꽃잎의 경우에는 뒷면에 주름을 잡는다. 바닥이 닫힌 상태로 약 1.2cm가량 풀 위에 굴린다.

4 DD3 꽃잎은 2단계에 따라 꽃 주변에 불규칙하게 부착하고 철사가 없는 꽃잎을 다시 휘게 하고 내부 꽃잎으로부터 약 2.5~5cm가량 열리게 하고, 꽃의 중심부로부

터 대부분의 바깥 끝을 약 7.5cm가량 삐져나오게 한다.

5 2단계처럼 펼쳐진 복숭아/베이지 주름지에서 꽃잎을 얼마나 만개하게 하고 싶은지에 따라 188페이지 도안 DD4에 맞춰 24~48장을 잘라낸다. 각 꽃잎은 오목하게 만들고 그것의 절반은 모자 핀으로 휘게 한 뒤 손톱으로 주름을 잡는다. 주름 뒷면에 글루건을 쏘아 꽃잎 끝에 곡선을 만든다. 혹은 앞부분 중심에 엄지손톱을 사용해 꽃잎이 안쪽으로 닫히고 옆 부분이 곡선을 띠게 한다. 앞면의 양측을 대각선으로 자른다. 그리고 맨위 절반을 모자 핀으로 당겨 주름을 더 깊게 만든다. 혹은 끝의 양면을 모자 핀으로 굴린다. 모든 바닥 부분을 글루건을 쏴 약 2~2.5cm 말아 마무리한다. 꽃바닥에서 튀어나온 부분을 잘라낸다. 글루건으로 꽃 주변에 DD4 꽃잎을 부착하고, 끝이 꽃 중심부로부터 약 1.2cm 가량 튀어나오게 한다. 꽃잎 바닥에서 줄기까지 이어지면서 덜 휘게 하고 줄기 쪽으로 가면서 조금씩 더 곧은 형태를 띠도록 한다. 내부 꽃잎의 남은 바닥 부분을 잘라내되 꽃잎 안쪽의 바닥 부분은 그대로 둔다.

6 빈틈을 만들어놓고 꽃잎을 불규칙한 패턴으로 놓는다 하더라도 꽃 전체의 상태를 확인하도록 한다. 맨 밑바닥의 꽃잎은 거의 수평하게 배치하고 꽃이 풍성해지면서 꽃잎이 아래로 향하도록 손질한다.

7 줄기는 연녹색 원예용 테이프로 2번 단단하게 감싼다. 진홍색 수채물감 농축액으로 충분하게 칠한 뒤 막 써도 되는 수건으로 닦아 줄기에 색이 섞여 들어가게 한다. 그런 다음 안쪽 꽃받침을 만들어보자. 180그램 #600/5 그린옐로 옴브레 주름지에서 3.8cm×6.4cm 크기의 조각을 잘라낸다. 각 조각을 여섯 번 접고 각각 끝이 넓고 둥근 삼각형을 잘라내는데 약 6mm 가량은 남겨둔다. 각 삼각형의 색이 없는 부분을 오목하게 만든 후 바닥 주변에 균일한 간격으로 종잇조각 하나 높이로 글루건을 칠한 뒤 꽃 아랫부분에 부착한다. 이때 꽃받침 끝 일부를 뒤로 젖힌다. 두 번째 조각도 이와 같은 방법으로 만들고 부착하는데 첫 부분과 간격을 둔다. 바깥쪽 꽃받침은 올리브그린 더블렛 주름지에서 3.8cm×9cm 크기의 조각으로 잘라 여섯 번 접은 뒤 188페이지 도안 DB-CALYX이나 DH-CALYX에 맞춰 자른다. 이때 하단 약 3mm 정도는 남겨둔다.

꽃받침의 양측을 모드포지로 코팅하고 살짝 왁스로 코팅한 느낌이 나면 말리도록 한다. 각 꽃받침을 오목하게 만들고 손톱으로 주름을 잡는다. 각 꽃받침의 볼록한 부분 약 6mm가량의 꽃바닥 부분 주변에 풀칠한다. 그리고 각 꽃받침 사이의 거리를 줄이며 바닥 부분을 겹치게 한다. 느슨한 바닥 부분을 풀칠하거나 잘라낸다. 풀이 마르면 꽃받침에 풀을 붙인 부분 위에서 뒤로 가파르게 젖힌다. 달리아 머리 아래의 줄기를 90도 정도 굽힌다.

8 내가 가장 좋아하는 달리아는 완전히 핀 것처럼 보이지 않는 달리아다. 나는 뒤틀리고 굽혀진 꽃잎을 만드는 것도 좋아하고, 예상하지 못한 곳에 라즈베리색을 추가하는 것도 좋아한다. 중심 부분과 몇 개의 주변 꽃잎 역시 잉글리시 장미나 난초 색의 주름지로 만들 수 있다. 이것은 곡선을 잡기는 쉽지 않지만 자연에서 찾아볼 수 있는 달리아의 중심부색과 거의 맞아떨어진다.

중심부가 열린 달리아
open-centered dahlia

접착제
60그램 #296 노란 주름지
180그램 #568 갈색 주름지
180그램 #581 오렌지 주름지
180그램 #558 라임그린 주름지
흰 더블렛 주름지
180그램 #584 고동색 주름지
갈색 종이로 감싼 18게이지 줄기 철사
흰 천으로 감싼 24게이지 줄기 철사
레몬옐로 초크
혼합 붓
진갈색 원예용 테이프
잎(198페이지 참조)

중심부가 열린 달리아는 그 중심 부분이 잘 보이고 쉽게 보완이 가능한 꽃이다. 꽃잎이 하얗고 겉이 어두운 구체적인 꽃 이름은 '백조의 호수'라고 불리는데 밝은 노랑과 라이트새먼, 살구색 그리고 빨간 주름지를 사용해 다른 모양으로 만들 수도 있다. 122페이지의 캔디 스트라이프 패턴 3을 사용해 패트리샤 달리아를 만들면 정말 예쁠 것이다.

여기에선 좀 더 성숙한 달리아의 중심부를 만들려고 갈색이나 골드가 섞인 노랑으로 표현했다. 갈색으로 표현하기 위해선 노랑이나 빨간 주름지를 사용해도 좋다. 이 색들의 조합은 161페이지의 달리아 중심부에 사용해도 좋다. 이런 식으로 완성되면 대단한 작품이 될 것이다. 물론 여러분이 원한다면 단순한 노란색 주름지를 사용해도 무방하다.

* 188~189페이지의 도안을 참조하자.

중심부가 열린 달리아

1 우선 갈색 종이로 감싼 18게이지 줄기 철사의 상단 약 1cm 정도 종이를 풀어내고 고리를 만든다. 60그램 #296 노란 주름지와 180그램 #568 갈색 주름지에서 높이 약 2cm, 길이 약 20cm 크기로 각 1개씩 잘라 촘촘하게 꽃술을 만든다. 두 꽃술 바닥을 접착제로 부착하고 노랑에 갈색 조각을 1.5mm 떨어뜨린 후에 부착한다. 2단계에서 사용하기 위해 약 5cm 정도를 잘라 남겨둔다. 갈색 면에 접착제를 바르고 고리와 겹치게 꽉 감싸는데 가볍게 방추 모양이 되게 한다.

2 60그램 #296 노란 주름지에서 약 2.5×7.5cm 조각 8개, 180그램 #581 오렌지 주름지에서 노란 주름지 조각 크기와 똑같이 4개를 잘라낸다. 95페이지의 라미네이팅 방법으로 노랑과 오렌지 조각을 붙인 뒤 깊이 약 2cm, 간격 약 3mm 정도에서 촘촘한 꽃술 형태로 만들고 접착제를 발라 네 가닥씩 모아 비틀어준다. 주름지가 촉촉할 때 술을 비트는 것이 효과적이다. 그런 다음 작은 가위로 끝부분을 미세하게 둥글게 잘라주면서 손질한다. 1단계의 남은 노랑/갈색 꽃술을 갈색을 안쪽으로 해 위쪽을 비틀린 술과 맞춘다.

3 2단계의 꽃술은 꽃 중심부 주변으로 감싸는데 위쪽은 첫 꽃술과 높이를 맞추고, 끝은 살짝 안쪽으로 향하게 하면서 세 번째 조각을 또 감싸준다.

4 2단계의 비틀린 꽃술을 최종적으로 약 7.5cm 부분에서 30도가량 비튼다. 끝이 중심부로부터 휘어져 나가고 그 휘어진 곳의 솟은 부분 아래위를 풀칠한 뒤 약 3mm 아래에서 감싼다. 풀이 마르면 삐져나온 끝을 굽혀준다.

5 흰 더블렛 주름지에서 188페이지 도안 OD1에 맞춰 16장의 꽃잎을 자르는데 7단계를 위해 하나를 따로 빼놓는다. 도안 OD1에 표시되어 있는 대각선 주름을 손톱으로 잡아 중심부에 길고 살짝 열린 삼각형을 만들어낸다. 이 과정을 몇 번 반복한다.

6 엄지손톱으로 각 삼각형의 중심부를 아래에서 위로 밀어서 늘리고 최종적으로 주름이 진 곳을 한 번 더 강하게 잡아준다. 각 꽃잎의 하단 약 6mm에 접착제를 바르고 왼쪽과 오른쪽을 번갈아 접어 각 꽃잎의 앞면을 열어둔다. 각 꽃잎의 하단 중심부에 옐로 초크를 이용해 붓으로 칠해준다. 각 꽃잎의 상단 부분을 모자 핀으로 말고, 옆 부분을 조심스럽게 만다. 원한다면 몇 개의 꽃잎을 접고 당겨 불규칙적인 모양새를 만든다.

7 중심 부분에 피어나는 꽃잎을 만들기 위해 흰 더블렛 주름지에서 188페이지 도안 OD4에 맞춰 2장의 꽃잎을 잘라내고 중심부를 오목하게 만든다. 각 꽃잎보다 약 2.5cm가량 긴 흰 줄기 철사를 잘라내 안쪽 중심부에 풀칠을 한다. 꽃잎 바닥과 끝을 꼬집되 꽃잎의 중심 부분을 더 열린 형태로 만든다. 5단계에서 남겨놓은 1장의 꽃잎도 이와 같은 방법으로 손질한다. 꽃잎의 윗부분은 닫힌 형태로, 아랫부분은 열린 형태로 유지한다.

8 노란 주름지에서 높이 약 2cm, 길이 약 7.5cm 크기로 잘라 술을 만들고, 그 끝이 겹치지 않게 조심하며 꽃 중심부로부터 약 3mm 떨어진 곳에서 감싼다. 철사를 넣은 각 꽃잎을 90도 정도 휘게 한 뒤 안쪽에서 피어나는 느낌을 표현한다. 3장의 꽃잎에 접착제를 발라 중심에 붙여주고 꽃잎 가장자리를 모자 핀으로 굽혀 자연스러운 느낌을 표현한다. 남은 흰색 철사는 잘라준다.

9 주름을 잡은 15장의 OD1 꽃잎을 약 6mm가량 휘게 한다. 휜 바닥 부분에 접착제를 묻혀 꽃 주변에 부착한다. 9번의 사진처럼 배치하고 싶다면 꽃의 12시 방향이 어디인지 기억하도록 한다. 대부분의 꽃잎은 앞부분이 뒤틀리지 않게 부착해야 한다. 그리고 꽃의 중심부 아래에 약 3mm 정도 빠져나온 상태여야 한다. 꽃잎의 끝부분은 중심부의 맨 위에서 약 1.2cm와 약 2cm 사이에 있어야 한다.

10 첫 줄에 맞지 않았던 꽃잎을 사용해 아래의 틈을 메우고 윗줄과 연결하도록 한다.

11 흰 더블렛 주름지에서 188페이지 도안 OD2에 맞춰 12장의 꽃잎을 한번에 2개씩 자른다. 각 꽃잎을 오목하게 만들고 도안에 따라 각 측면을 대각선으로 주름을 잡고 꽃잎 맨 윗부분에 있는 두 주름 사이에 작은 틈을 남긴다. 엄지손톱으로 각 삼각형의 중심 부분을 늘리고 최종적으로 그 주름 위를 한 번 더 잡아준다. 한 번씩 꽃잎의 양옆을 접는다. 꽃잎의 한쪽 면, 특히 뒷부분을 볼록하게 만들어 주름이 닫힌 형태로 유지하고 다른 면에서 다시 반복한다. 이 과정을 통해 꽃잎의 깊이감과 입체감을 살릴 수 있다.

12 꽃잎 밑을 주름에 맞춰 약 6mm 정도 모아준다. 바닥 부분을 꼬집어 꽃잎의 앞면을 연 상태로 유지한다. 위와 옆면을 살짝 아래로 향하는 각도로 모자 핀을 활용해 굽히고 주름 상단 약 6mm에 모자 핀으로 소량의 접착제를 묻혀 꽃잎 상단부의 주름을 강화한다. 모자핀을 빼면서 주름을 살짝 더 줘 바삭한 질감을 표현한다. 너무 넓어진 것 같은 꽃잎 가장자리를 잘라내고 꽃잎 하단부에 옐로 초크를 칠한다.

13 꽃잎 첫 줄 바로 아래에 늘린 180그램 #588 라임그린 주름지를 조그맣게 잘라 붙인다. 꽃잎 바닥 부분을 약 6mm가량 굽혀준 뒤 끝에 접착제를 묻혀 꽃잎 첫 줄의 하단부에 단단히 부착한다. 그러면 꽃잎이 자연스럽게 아래를 향할 것이다.

14 꽃잎 중 일부를 조금만 구부리고, 다른 것들을 첫 줄의 꽃잎 사이에 촘촘히 끼운다. 일부 꽃잎은 가까이, 일부 꽃잎은 멀게 한다. 꽃잎을 추가하면서 아랫부분을 단단하게 여러 번 꽉 쥔다.

15 흰 더블렛 주름지에서 188페이지 도안 OD3에 맞춰 26장을 자른다. 몇 장이 필요한지는 확실하지 않으나 대략 22장에서 26장 정도다. 꽃잎을 11단계와 12단계와 같이 손질한다. 바닥 부분을 약 6mm가량 휘게 한 후 두 번째 꽃잎 줄 아래에 부착한다. 다른 방식으로 꽃잎에 간격을 주고 중심부가 보이게 한다. 이 단계의 꽃잎은 아래로 향할 필요는 없다. 다만 축 늘어진 것처럼 보이지 않도록 한다.

16 꽃잎의 앞면을 살펴 어디를 채울지 고민해보자. 꽃잎 밑 부분은 여러 번 꽉 조여 단단하게 만든다. 이러한 달리아는 2개 정도의 꽃잎 줄로 만들 수 있기 때문에 꽃마다 꽃잎의 수를 다양하게 변화시켜도 좋다. 줄기를 진갈색 원예용 테이프로 감싸거나 180그램 #584 고동색 주름지로 감싸 붉은 빛이 도는 보라색 느낌을 내도록 하는 것도 하나의 방법이다. 달리아 꽃받침 정보는 165페이지에서 나와 있으니 그것을 참조하자.

더블 봄 모란 double bomb peony

접착제
글루건과 심
180그램 #600/4
로즈 옴브레 주름지
180그램 #580
레드오렌지 주름지
(선택 사항)
180그램 #576/9
캔디콘 옴브레 주름지
(선택 사항)
180그램 #564
블루그린 주름지
연녹색 원예용 테이프
갈색 종이로 감싼
18게이지 줄기철사
블랙커피(선택 사항)
잎(203페이지 참조)

나는 모란을 거대한 예술 작품에서 작은 버전까지 방대하게 연구했다. 그리고 더블 밤 모란은 폭발적인 느낌을 자아내 이목을 끈다. 이 꽃은 우아하지만 미스터 에드Mr. Ed나 매니 해피 리턴츠Many Happy Returns처럼 매우 우스꽝스러운 이름을 갖고 있기도 하다. 물론 일부 모란 종은 페이퍼 플라워로 만들기가 쉽지 않지만 여기서 제안하는 방법대로 한다면 그리 어렵지 않을 것이다. 여러분의 손가락 끝에 접착제를 묻혀 그 톡 쏘는 성질을 이용해 꽃에 연속적으로 바르면서 손질하면 작업이 간소화될 것이다. 당신이 더 큰 크기의 꽃을 원한다면 꽃잎의 양을 늘려도 된다. 나의 작품은 어디까지나 파티 데코레이션과 식물 표본 사이에 중간 정도에 위치하니 여러분의 창의력을 발휘하기 바란다. 밝은 코럴, 붉은 계열, 파스텔 그리고 다른 색상으로 조합을 이뤄도 멋진 작품이 탄생할 것이다.

• 188~189페이지의 도안을 참조하자.

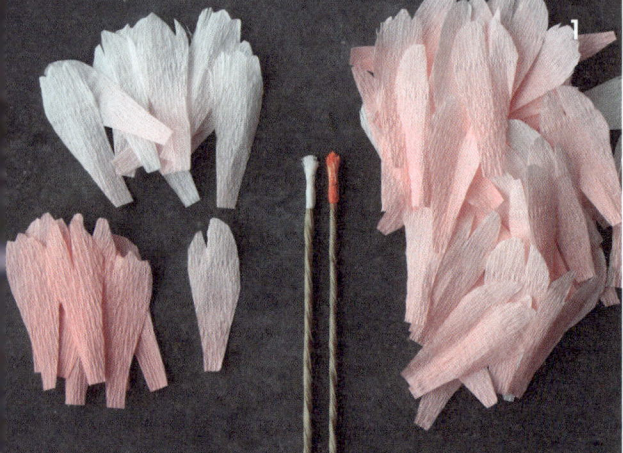

더블 봄 모란

1 180그램 #600/4 로즈 옴브레 주름지에서 높이 약 1.25cm, 길이 약 4.4cm 크기로 잘라 방추형의 꽃술을 만든다. 더 튀는 모양을 원한다면 180그램 #580 레드오렌지 주름지 혹은 180그램 #576/9 캔디콘 옴브레 주름지를 사용한다. 줄기 철사 상단 부분에 꽃술을 완전히 감싸고 꼬집어 다발 느낌으로 표현한다. 그리고 180그램 #600/4 로즈 옴브레 주름지에서 188페이지 도안 DB1~DB5에 맞춰 꽃잎을 잘라낸다. 롤의 끝 약 15~21cm 사이 밝은 부분에서 12장, 중간 부분에서 약 10~16cm에서 64장, 약 1.25~7.5cm의 어두운 부분에서 8장을 자르는 것이 핵심이다.

2 밝은 색의 12장 꽃잎을 최대 8장씩 묶어 손가락에 접착제를 묻혀 각 꽃잎 하단 약 2.5cm 되는 부분에 얇게 바른 뒤 꼬집는다. DB1과 DB2의 꽃잎에 위쪽으로 향하는 주름을 잡고 엄지와 검지로 당겨 주름 양쪽에 볼록한 모양을 낸다. 몇 장의 DB1과 DB2 꽃잎은 평평함을 유지하되 주름으로 부피를 늘려 다른 꽃잎 사이에 채워 넣어야 한다. DB3에서 DB5까지의 꽃잎도 손질하는데 오목하거나 볼록하게 늘리거나 위에서 아래까지 주름을 잡는다. 이 중 12장을 접착제를 묻혀 술이 난 중심부 아래에 눌러 부착한다.

3 중간 정도 색상의 꽃잎 64장 중 24장을 최대 8장씩 묶어 2단계를 반복한다. 줄기에 맞춰 방사형으로 부착하는데 위를 향하는 꽃잎은 평평한 꽃잎 뒤에 놓도록 한다. 절대로 빽빽하게 붙이지 않는다. 둥근 형태로 붙이되 자연스럽게 조정한다. 8장의 어두운 꽃잎도 2단계를 반복하는데 이 꽃잎은 거의 수평 형태가 되어야 한다. 이 꽃잎의 하단 부분을 꼬집어 형태를 둥글게 만든다.

4 중심부가 열린 모란을 만들기 위해, 술이 난 중심부를 만들고, 여러분이 원하는 색의 주름지에서 189페이지 도안 DB6~DB10에 맞춰 44장을 자른다. 이 중 16장 꽃잎 하단을

굽히고 주름이 위로 향하게 해 2단계에 맞춰 손질한다. 그런 뒤에 중심부에 부착하는데 술이 난 중심부로부터 약 2.5cm 올라가게 한다. 3단계에 따라 28장의 꽃잎을 부착하고, 꽃잎 하단을 살짝 아래로 향하게 한다. 180그램 #564 블루그린 주름지를 물에 담가 살짝 색을 빼 그 색을 중심부 하단에 묻힌다.

5 남은 40장의 중간 정도 색의 꽃잎을 3단계처럼 추가한다. 이 꽃잎은 어두운 색의 꽃잎에서 삐져나와야 하며, 꽃잎 하단을 살짝 아래로 향하도록 한다.

6 6개의 보조 꽃잎의 경우 로즈 옴브레 주름지의 가장 밝은 부분에서 높이 약 9.5cm, 길이 약 9cm 크기의 조각을 2개 잘라내 약 15cm 정도까지 늘린다. 각 조각을 세 번 접고, 3개의 층을 모두 볼록하게 만들어 직경이 약 5cm의 넓은 스푼 모양으로 만든다. 하단 부분을 접착제를 발라 모아 약 2.5cm 가량 뒤로 젖힌다.

7 6장의 보조 꽃잎 굽힌 부분에 글루건을 쏴 동일한 간격으로 부착한다. 만약 여러분이 원한다면 꽃잎 가장자리에 블랙커피를 이용해 잎이 시든 느낌을 표현해도 좋다. 하단 부분의 남은 종이를 잘라내고 줄기를 연녹색 원예용 테이프로 감싼다. 잎을 배치하는 법이나 다른 세부사항은 177페이지의 코럴 참 모란을 참조해보자.

8 180그램 #580 레드 오렌지와 60그램 #319 딥 레드 혹은 표백제에 담근 180그램 #601 코럴 주름지를 사용해 변화를 줄 수 있다. 꽃잎의 수를 조정해 더 꽉 차거나 느슨한 둥근 형태를 만들 수 있다. 여러분이 원한다면 첫 줄 아래에 6장의 꽃잎으로 만든 두 번째 줄을 추가할 수 있다. 흥미로운 대조를 내기 위해 블루그린 주름지로 줄기를 감싸도 좋다.

시든 코럴 참 모란
faded coral charm peony

접착제
글루건과 심
100그램 그린티 주름지
올리브그린 더블렛 주름지
블랙커피
빨강 잉크 또는 진홍색
수채물감 농축액
갈색 종이로 감싼 18게이지
줄기 철사
잎(203페이지 참조)

시든 코럴 참

180그램 #567 연갈색 주름지
100그램 아이보리 주름지
100그램 골드 주름지

밝은 시든 코럴 참

180그램 #576 딥 옐로 주름지
100그램 흰색 주름지
180그램 #566 페일그린 주름지
핑크 초크 또는 무향의
핑크-연보라 붓
혼합용 붓

항상 인기가 높은 코럴 참 모란은 색을 표현하기 어려울 정도로 풍성한 색의 층을 가진 부피가 큰 꽃이다. 코럴 핑크의 완벽한 색은 꽃의 형태에 가장 신경을 쓰는 나에게 정말 어려운 표현에 속한다. 다행인지 불행인지 잘린 코럴 참 모란의 수명은 짧다. 이러한 꽃은 밝은 분홍에서 창백한 분홍으로, 그리고 흰색으로 변하기까지 며칠도 안 걸린다. 특히 이 꽃은 꽃잎이 뭉텅이로 떨어지기 전이 가장 아름답다.

그리고 몇 장의 꽃잎이 겹쳐져 있다. 이 꽃의 겹침을 자연스럽게 보이기 위해선 한 번에 몇 장의 꽃잎을 잘라내고 동시에 오목하게 해 형태를 유지시켜주는 것이다. 이 형태는 마치 꽃이 피기 전 서로 끌어안고 있었던 것처럼 보인다. 여기선 하얀 코럴 참 모란을 표현하기 위해 핑크 초크를 묻히거나 무향의 핑크-연보라 붓을 사용해 칠하거나 혹은 100그램 복숭아/베이지 주름지를 사용할 수도 있다. 핑크 스피너 모란을 어떻게 만드는지는 122페이지를 참조하자.

* 188~189페이지의 도안을 참조하자.

시든 코럴 참 모란

1 180그램 #567 연갈색 주름지와 100그램 아이보리 주름지에서 높이 약 4.8cm, 길이 약 10cm 크기로 3개의 조각을 자른다. 그리고 라미네이팅하는데 연갈색 조각이 다른 조각보다 약 3mm 위로 올라오게 한 뒤 붙인다. 그리고 꽃술 형태로 미세하게 잘라주되 하단 약 7.5mm 정도는 남겨둔다. 똑같은 방법으로 연갈색 주름지 대신 180그램 #576 딥 옐로 주름지를 잘라 아이보리 주름지와 라미네이팅한다.

주의 : 접착제가 완전하게 마르지 않는 동안 2단계를 완성하되 꽃술 형태로 만들려면 5분에서 10분가량 기다려 들러붙지 않게 한다.

2 모란 중심부는 갈색 종이로 감싼 18게이지 줄기 철사 상단 약 1.2cm에서 M자 형태로 굽힌다. 그리고 같은 철사에서 약 2.5cm 굽혀 거꾸로 된 U자 형태를 만들어 M자에 단단히 붙인다. 더 밝은 중심부 경우 줄기 철사 상단 부분에 연녹색 원예용 테이프로 감싼 뒤 180그램 #566 페일그린 주름지로 끝을 덮는다. 줄기 철사의 약 5cm 부분을 U 모양으로 굽히고, 줄기 철사 상단 부분에 풀칠을 해 5개의 심피로 이루어진 원을 만든다. 윗부분을 핑크 초크나 핑크-연보라 붓으로 칠한다. 1단계에서 작업한 꽃술 조각을 Z 모양으로 접되 Z의 각 주름마다 약 1.5mm가량 늘리고 하얀 술이 아랫부분에서 삐져나오도록 한다. 각 부분을 아래에서 촘촘하게 모으고, 접힌 부분을 접착제로 고정시킨 뒤 꽃술 부분을 방추형으로 만들어 손가락으로 거칠게 매만진다. 술은 여기저기, 앞뒤로 삐져나온 모양으로 다듬는다. 아랫부분에 글루건을 쏘아 약 1.2cm가량 심피로부터 빠져나온 모양으로 손질한다.

3 색이 연해진 모란을 표현하기 위해 100그램 아이보리 주름지에서 높이 약 10cm, 길이 약 12cm 크기의 조각을 8개 자른다. 혹시 더 밝게 만들려면 100그램 흰 주름지를 사용

한다. 각 조각을 4번 접고 4개의 층을 단단하게 당겨 볼록하게 만들어 접힌 부분이 원형 볼이 되도록 만든다. 같은 색의 주름지에서 높이 약 7.5cm, 길이 약 10cm 크기의 조각을 잘라 위와 같은 방법으로 손질한다.

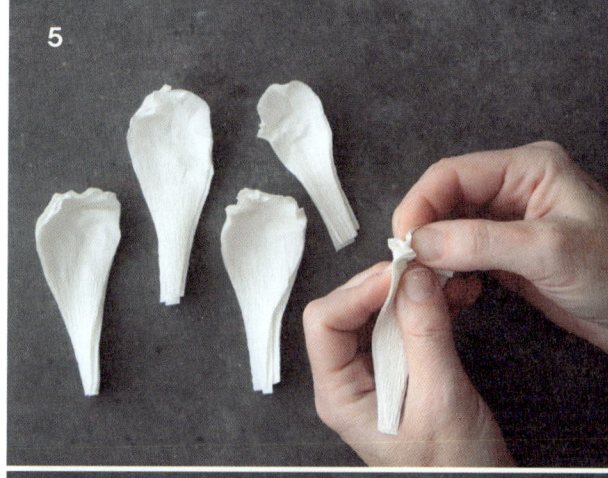

4 각 4번을 접은 주름지의 동그랗고 오목하게 들어간 부분의 주변을 자른다. 그리고 약 1cm 직경의 작은 스푼 모양의 꽃잎 32장과 약 3cm 직경의 큰 꽃잎 8장을 자른다. 꽃잎은 4개씩 묶어 뭉치를 만든다.

5 꽃잎 가장자리를 모아 구기고 상단 윗부분을 손가락으로 구겨 꽃잎의 주름을 표현한다.

6 구겨진 꽃잎 밑부분을 접착제를 발라 주름을 잡고, 작은 꽃잎 하단 약 2cm와 큰 꽃잎 하단 약 2.5cm를 안으로 모은다. 작은 꽃잎 1장과 큰 꽃잎 3장을 벙어리장갑 형태로 잘라준다. 꽃잎에 더 변화를 주려면 큰 꽃잎 2장을 뒤에서 꼬집듯 매만진다.

7 작은 꽃잎 아랫부분은 약 2cm가량, 큰 꽃잎 아랫부분은 약 2.5cm가량 뒤로 젖힌다. 이 과정에서 꽃잎이 흩어지지 않고 뭉치도록 형태를 잡아준다. 구겨진 작은 꽃잎 4장을 글루건으로 쏴 꽃술 위에 부착하는 데 각각 10시, 12시, 2시, 5시 방향으로 부착한다. 7번 사진의 꽃잎 배치도를 따르고 싶다면 꽃의 방향에서 12시가 어디인지 기억하도록 한다. 10시와 2시 방향에 있는 꽃잎 뒤에 2장의 큰 꽃잎을 부착하고 7시 방향에 1장을 더 부착한다.

8 큰 꽃잎의 3개 뭉치에서 각각 3장의 꽃잎을 글루건으로 부착하는데 꽃술 아랫부분 12시 방향으로 1장, 4시 방향으로 1장, 8시 방향으로 1장을 붙인다. 어떤 꽃잎은 살짝 떨어뜨리고 어떤 꽃잎은 살짝 위로 향하게 손질하는데 너무 느슨해

통일감을 저해하는 꽃잎의 경우 아랫부분을 잘라낸다.

9 꽃잎 밑 부분을 6단계처럼 모으고, 7단계에 따라 밑 부분을 뒤로 젖힌다. 글루건으로 꽃잎을 부착하는데 큰 꽃잎 4장을 1시, 4시, 10시, 12시 방향에 부착한다. 추가적으로 8시 30분에서 9시 사이, 6시 방향으로 2장의 꽃잎 뭉치를 부착한다.

10 남은 작은 꽃잎 4장은 꽃 중심 부분에 더 가깝게 부착하고 꽃잎을 위로 향하게 해 마치 피어나기 전 모습으로 다듬는다. 큰 꽃잎 2장을 꽃잎 주변에 붙이고 하단 부분이 살짝 아래로 향하도록 한다. 만약 너무 길어 보이면 아랫부분을 더 위로 굽힌다.

11 꽃잎 밑 부분이나 마른 접착제 등 불필요하게 붙어 있는 것들을 커터를 이용해 잘라준다. 100그램 그린티 주름지에서 약 5cm가량의 사각형으로 잘라 꽃봉오리를 덮을 조각을 만든다. 사각형의 조각은 볼록하게 만들고 189페이지 도안 BUD COVER1~BUD COVER3에 맞춰 잘라준 뒤 오목한 꽃받침을 만든다. 블랙커피 1스푼과 빨강 혹은 진홍색 수채물감 농축액 1방울 정도를 섞어 붓으로 꽃받침에 칠하고 건조시킨다.

12 꽃잎에 11단계에 만든 꽃받침을 글루건으로 부착한다. 그리고 100그램 그린티 주름지에서 높이 약 2cm, 너비 약 0.6cm 크기로 잘라낸 뒤 꽃받침과 줄기를 감싼다. 그러나 이것은 선택 사항이니 여러분이 원하지 않는다면 하지 않아도 좋다. 모란 줄기는 종종 밝은 색을 띠며 이파리 역시 그렇다.

미나리아재비 ranunculus

접착제
글루건과 심
122페이지
패턴 7에 따라 색을 입힌
160그램 골드옐로 주름지
180그램 모스그린 주름지
180그램 #562
더스티그린 주름지
(선택 사항)
100그램 스칼렛 주름지
(선택 사항)
160그램 라이트새먼 주름지
(선택 사항)
느슨하게 누른
골드메탈 아이섀도우
혼합형 붓
연녹색 원예용 테이프
갈색 종이로 감싼
18게이지 줄기 철사
모드포지(선택 사항)
핑크 초크 가루(선택 사항)
잎(206페이지 참조)

아름다운 색을 지닌 미나리아재비를 마지막으로 이 장을 마무리짓는다. 페이퍼 플라워에 대한 책에서 이 꽃은 항상 포함된다. 작은 꽃잎이 촘촘하게 층을 이루는 미나리아재비, 곡선 형태의 샬롯 미나리아재비, 수술이 드러나는 활짝 핀 미나리아재비, 곧 시들 것만 같은 미나리아재비는 빼놓을 수 없는 것이다. 내가 좋아하는 미나리아재비는 중심 부분이 닫히고 층이 불규칙하고 꽃잎 끝이 둥글면서 정사각형인 버전이다. 이 버전은 '카페 캐러멜 Cafe Caramel' 색의 주름지를 사용하지만 만약 여러분이 다른 색을 원한다면 그렇게 해도 좋다.

사실 미나리아재비 만드는 법을 가르치는 것은 쉽지 않다. 몇 번이나 포기한 적이 있다. 왜냐하면 세세한 사항을 신경 쓰지 못하면 미나리아재비가 아니라 장미가 되기 때문이다. 그렇기 때문에 나를 믿고 여기에서 제안하는 방법을 자세히 따라해보기 바란다. 따라하다 보면 잘 이해가 되지 않는 부분이 시계 방향에 따라 꽃잎을 배치하는 것이겠지만 이것은 내가 의도한 것이다. 자세히 이해하지 못하고 혼란스럽다면 진행하던 것을 멈추고 처음부터 다시 시작하기 바란다. 여러 번 연습하다 보면 정말로 좋은 결과를 얻을 수 있을 것이다.

• 188~189페이지의 도안을 참조하자.

미나리아재비

1 122페이지의 패턴 7에 따라 만든 160그램 골드옐로 주름지에서 약 18×5cm 조각을 잘라낸다. 갈색 종이로 감싼 18게이지 줄기 철사 윗부분에 고리를 만들고 연녹색 원예용 테이프로 직경 약 2.2cm 정도의 공을 만든다. 그리고 골드옐로 주름지에서 189페이지 도안 R1에서 32장, R2에서 12장, R3에서 10장, R4에서 10장, R5에서 22장의 꽃잎을 잘라낸다. R1 꽃잎 12장은 색을 칠한 부분을 바깥쪽으로 볼록하게 매만지고 골드 아이셰도우로 블렌딩한다. 항상 아이셰도우는 상단 약 3mm에 바르도록 한다. 꽃잎 오목한 부분에 접착제를 바르고 꽃 중심부에 12시와 6시 방향으로 부착한다. 이때 그 끝이 약 1.5mm가량 떨어지도록 하고, 공 형태의 상단에서 약 1.5mm가량 위에 있어야 한다. 1시 방향에 2장의 꽃잎을 앞뒤로 부착하고, 1장의 꽃잎을 중심부 바로 위 5시 방향으로 부착한다. 다음 3장을 2시 반, 3시, 4시 반 방향에 부착한다. 다음 꽃잎은 중심부 바로 위 9시 방향에 꽃잎을 놓고 11시, 10시, 9시 방향에도 부착한다.

2 꽃잎을 부착할 때 글루건을 사용하고, 꽃잎을 안으로 닫히게 하려면 더 높이, 꽃을 피게 하려면 꽃잎 하단에 부착하도록 한다. 남은 R1 꽃잎 20장 중, 반은 색칠한 면이 밖으로, 반은 색칠한 면이 안으로 가게 한다. 그런 뒤 꽃잎 상단 부분을 늘려 곡선의 일부를 없앤다. 각 꽃잎에 아이셰도우를 칠하는 것을 잊지 않도록 한다. 색칠한 면의 꽃잎을 1단계의 꽃잎보다 살짝 높게 11시, 1시, 2시, 3시 방향으로 놓고, 11시, 12시, 12시 반 방향에 놓아 앞으로 닫히도록 한다. 9시 방향에 색칠한 면을 안쪽으로 하고, 그 바닥 부분을 풀칠해 살짝 기울어져 열리게 한다. 최종적인 3개의 칠한 면이 바깥쪽으로 향한 꽃잎을 7시, 5시, 4시 반 방향에 둔다. 색칠한 면이 안쪽인 남은 꽃잎은 이전 꽃잎보다 살짝 높은 위치에 있어야 하고, 모퉁이가 살짝 뒤로 젖혀시거나 하나 혹은 양쪽이 말아진 상태여야 한다. 또한 수직 형태로 열려 있어야 한다. 5시 반, 3시, 1시, 1시 반, 5시 반, 6시 반, 9시, 7시 방향으로 부착한다. 꽃의 하단부에 불필요한 종이를 잘라낸다.

3 모든 남은 꽃잎은 색칠한 부분이 안쪽을 향하는 형태로 부착되어야 한다. 가볍게 R2 꽃잎 12장의 상단 부분을 늘려 평평하게 하고 뒷부분을 살짝 굽히고, 앞부분의 낮은 부분을 볼록하게 만든다. 매우 가볍게 윗부분을 엄지손톱으로 주름을 만든다. 꽃잎 밑 부분을 접착제를 발라 모으고 골드 아이셰도우를 뿌린다. 글루건을 사용해 꽃잎을 부착하는데 끝 부분이 7시와 5시 반에 있는 이전 꽃잎보다 약 3mm가량 위에 배치하고, 5시 반, 4시 반, 4시 그리고 3시, 1시 반, 1시, 12시 반, 11시, 10시 반 그리고 10시 방향으로 부착한다. 색칠한 면이 밖에 있는 R2 꽃잎은 꽃의 하단 부분에 있어야 하고 그 끝부분에서 열려야 한다. 안쪽 꽃잎은 더 수평 형태로 있어도 되며, 꽃잎이 조금씩 젖혀진 형태면 좋다. 꽃의 가장 높은 지점은 중심부에서 약 1.2cm가량 위에 위치해야 한다.

4 R3 꽃잎 10장을 R2 꽃잎 형태로 만들되 윗부분은 살짝 더 말아준다. 꽃잎 하단 약 1cm를 접착제를 발라 모으고 뒤로 젖혀 아이셰도우를 뿌린다. 굽힌 부분 바로 위에 글루건을 쏘아 9시, 8시 반, 6시 반, 2시 반, 3시 반, 1시 반, 12시 반, 10시, 11시, 4시 반에 부착한다. 시계 방향에서 아래에 향하는 위치에 속한 꽃잎은 3단계에서 꽃잎을 부착한 높이와 비슷해야 하고, 다음 층의 꽃잎은 그 끝이 약 3~6mm가량 아래에 떨어져 있어야 한

다. 꽃잎 밑 부분에 불필요한 것을 잘라 손질한다.

5 전체적으로 꽃잎 형태를 보면서 불필요하게 쏟아 있는 꽃잎을 잘라 정리한다. R4 꽃잎 10장은 뒷부분 위쪽 가장자리 중심에서 늘려주고 각각의 꽃잎 상단을 잘라 내 살짝 바랜 듯한 느낌을 표현한다. 한쪽 혹은 양쪽을 살짝 굴리고, 각 꽃잎의 하단 약 1cm를 접착제를 발라 모아 뒤로 젖힌다. 각각에 아이셰도우를 뿌리고 3시, 1시 반, 1시, 5시 방향으로 부착하면서 굽혀주고, 7시 반, 12시 반, 1시 반, 5시, 5시 반, 6시 방향으로 부착하면서 펼친다. 이러한 꽃잎은 그 끝이 약 3mm 정도 내려오는 형태로 피어야 한다. 꽃의 전체적인 모양을 확인하며 균형을 맞춘다. 뒷부분에 곡선이 있는 꽃잎을 사용해 수직 틈을 메우고 꽃잎 층 사이에 큰 틈을 만들지 않는다. 다 부착하면 각 꽃잎의 밑 부분에서 불필요한 것을 잘라 손질한다.

6 R5 꽃잎 22장의 윗부분을 가볍게 늘리되 평평한 형태를 유지한다. 각 꽃잎의 하단 약 1cm를 접착제로 발라 모은다. 아이셰도우를 뿌리고 한쪽 혹은 양쪽을 굽혀 부피를 확장시킨다. 각 꽃잎의 하단 부분 0.6~1.25cm 정도에 글루건을 쏴 4시와 3시에 놓고, 2시 반, 3시 반, 5시 반, 9시, 8시 그리고 10시, 10시 반, 11시, 12시 반 그리고 12시 방향으로 부착한다. 다음 꽃잎을 10시 반, 1시, 6시 반, 7시 반, 3시, 9시, 9시 반, 8시 그리고 7시, 7시 반에 놓아 마무리를 짓는데 잘 모르겠다면 재량껏 채워 넣는다. 색칠한 면이 안쪽인 R5 꽃잎의 하단 부분을 잘라내고 접착제를 발라 눌러주면 매끈하게 부착할 수 있다. 꽃잎은 바깥쪽으로 향하게 핀 형태로, 끝이 그 위에 있는 것보다 살짝 확장하는 형태여야 한다.

나는 기본적으로 덜 풍성한, 더 들쭉날쭉한 꽃을 좋아하기 때문에 손가락으로 꽃잎을 굽히고 펼치면서 여기저기 끼워 넣는 것을 선호한다. 꽃을 더 헝클어진 형태로 만드는 것이다. 너무 긴 꽃잎은 구기거나 말아서 다시 짧게 만들거나 조심스럽게 자른다. 그런 뒤에 180그램 모스그린 주름지로 줄기 부분을 감싼다.

7 이 꽃은 꽃받침이 없어도 괜찮다. 하지만 꽃받침을 추가하고 싶다면 약 3.2cm 길이의 연녹색 원예용 테이프 10개를 잘라 층을 만들며 붙여준다. 테이프 연결부에 189페이지 도안 R6 중심선에 맞춰 꽃받침을 잘라낸다. 꽃받침은 손톱으로 중심 부분을 바깥쪽으로 12번 정도 눌러 테이프 쪽으로 붙이려는 면을 볼록하게 만들어 질감을 형성한다. 각 꽃잎의 아랫부분 3분의 1 정도에서 접착제로 발라 모아준 뒤 꽃잎 밑 부분에 균일하게 부착한다. 늘린 모스그린 주름지로 줄기 밑 부분과 바닥을 덮는다.

8 내가 좋아하는 또 다른 미나리아재비 색상 중에는 늘리지 않은 100그램 스칼렛 주름지와 160그램 라이트새먼 주름지가 있다. 그 주름지에 모드포지와 핑크 초크 가루를 하단 부분에 칠한 뒤 골드 아이셰도우를 뿌리도록 한다. 모드포지는 꽃잎 하단 부분을 모으기 위해 접착제의 대체제로 사용될 수 있다. 바깥 꽃잎을 높게, 혹은 낮게 배치해 다양한 미나리아재비 형태를 만들어보자.

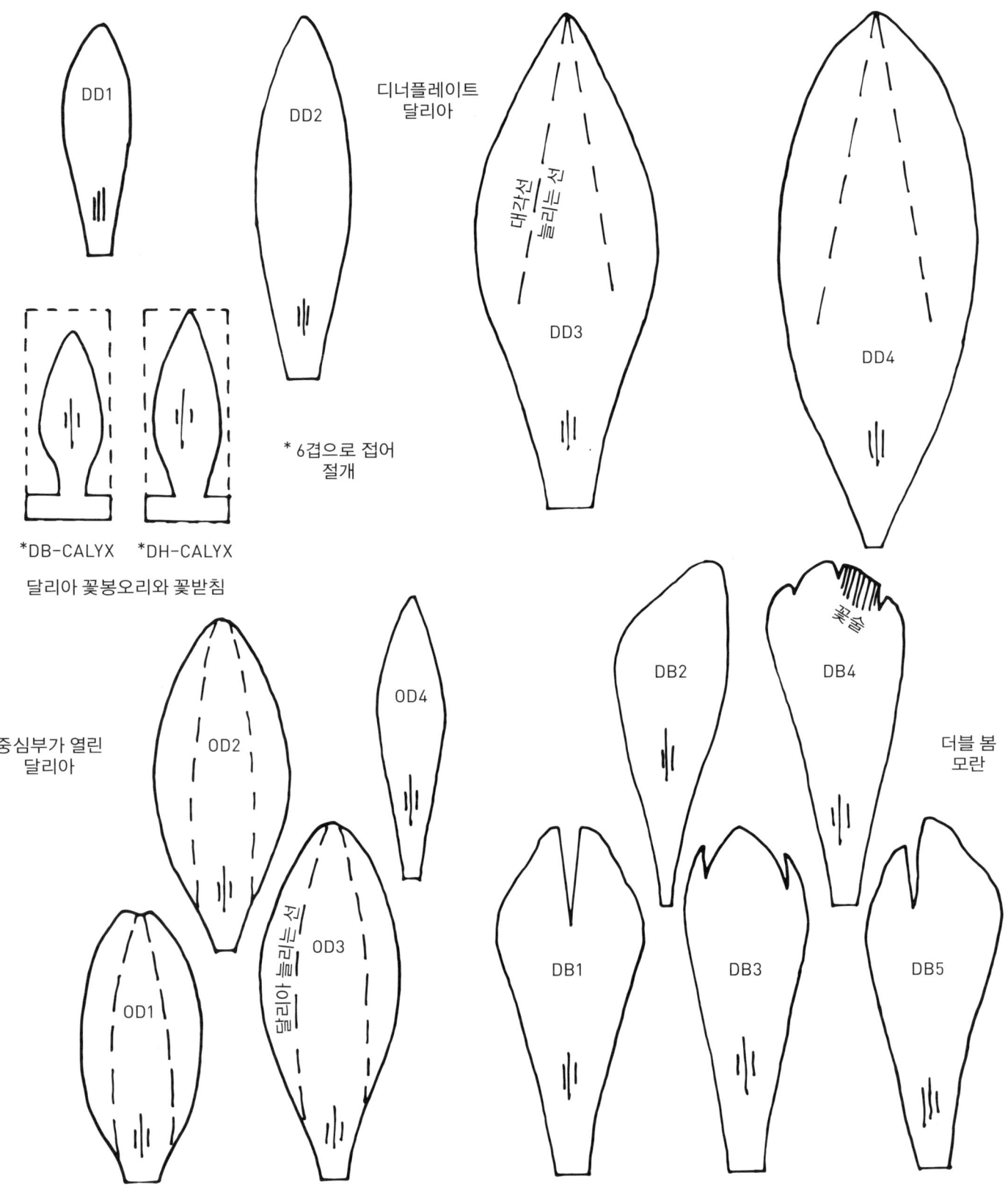

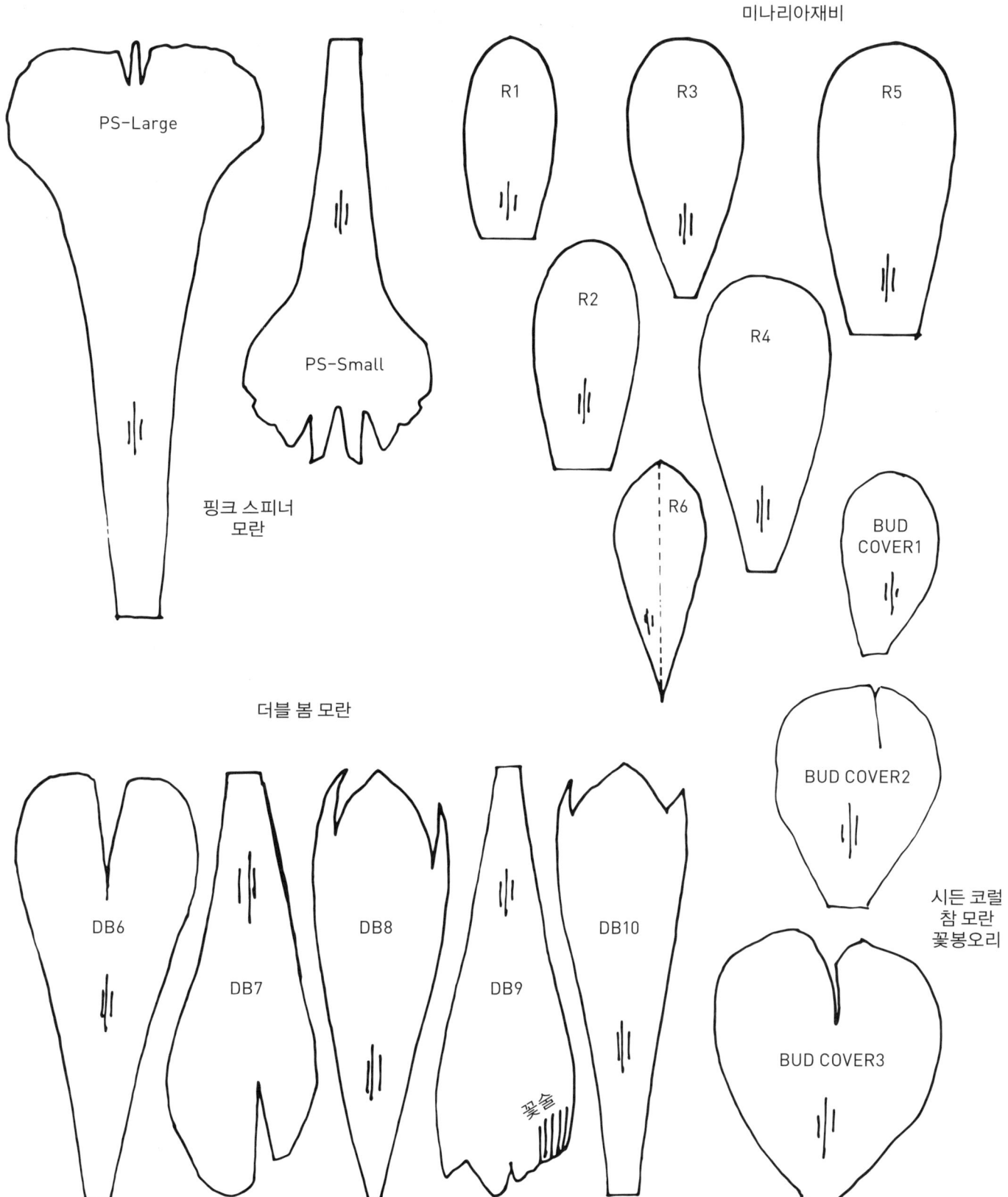

CHAPTER 3
leaves, stems & buds
잎, 줄기 그리고 꽃봉오리

잎 만들기

일반적으로 대부분의 종이 잎은 이 책의 시작 부분에 있는 부겐빌레아의 포엽과 같이 2개의 잎새 또는 측면이 직선 내부 가장자리를 따라 가볍게 접착제로 붙어 있다. 도면에 있는 종이 결은 잎맥을 모방하기 위해 잎 중심에서 위쪽 혹은 바깥쪽 각도로 방향을 잡는다. 잎 측면이 카네이션과 달리아 잎처럼 너무 작아 쉽게 자르지 못하는 경우, 도안 중심선을 2개의 큰 주름지의 교차점에 따라 정렬하면 한 번에 전체 잎을 자를 수 있다. 종이 잎은 유형에 따라 구부러지거나 구불거리며 손질하는 경우가 많고 대부분의 경우 얇은 꽃철사를 잎 뒷면이나 앞면을 따라 붙이거나 2장의 잎 사이에 숨겨 놓는다.

꽃 유형별로 잎 구성에 관한 도면과 지침은 이 장의 마지막 부분에서 순서대로 정리해두었으니 참고하기 바란다. 기본 장미 잎이 포함되어 있으며, 다른 장미 줄기 구성 요소와 함께 196페이지에 자세히 설명되어 있다. 잎 도면을 만드는 것은 잎을 윤곽을 따라 그리는 것만큼 간단하다. 나는 여러분이 자연 속에서 식물의 구성을 관찰하며 페이퍼 플라워에 대한 공부를 하길 바란다. 이것이 책으로 배우는 것보다 이해하는 데 훨씬 도움이 된다.

녹색 주름지의 경우, 식물학적으로 가장 정확하다고 해서 미적으로 완성도가 높은 것은 아니다. 자연적으로 이해하면 꽃줄기는 노화될수록 더 밝아지거나 어두워진다. 여러분이 특정 양귀비 잎의 연녹색, 회색, 파란색 등과 같은 독특한 색이 필요하지 않다면 약간의 예술적 감각을 활용하여 꽃에 잘 맞는 녹색을 사용하는 것이 좋다. 100그램 모스그린과 올리브그린 더블렛은 다양한 잎을 만들 때 사용할 수 있다. 나는 줄기의 그러데이션을 주기 위해 180그램의 그린옐로 옴브레 주름지를 즐겨 사용한다.

추가적인 잎 만들기 팁

- 접착제로 붙인 두 잎 면이 마르는 동안, 엄지와 집게손가락으로 붙인 모서리를 여러 번 눌러 두 잎새를 단단히 고정하여 자연스러운 교차점을 만든다.

- 동일한 유형의 잎을 다른 크기로 만들기 위해 원하는 대로 도안의 크기를 조정할 수 있다. 그리고 동일한 도면을 대칭 잎 양쪽에 사용할 수 있다. 이럴 때는 각 잎새의 종이 결을 적절하게 배치하는 것이 좋다. 더불어 불규칙한 잎을 만들기 위해 약간씩 다른 모양의 도안을 제공하니 참고하기 바란다. 또는 잎 양면을 결합한 후에 잎의 끝부분을 가위로 잘라 색다른 잎의 모양을 만들어도 좋다.

- 꽃줄기는 원예용 테이프나 접착제를 얇게 바른 0.3~0.6cm 높이의 긴 조각 주름지로 감싸서 마무리한다. 원하는 경우 2가지를 다 사용해 줄기를 두껍게 만들 수 있다. 줄기 철사의 길이는 잎 간격과 원하는 줄기 두께에 의해 결정된다. 더불어 잎을 부착할 때 꽃줄기에 얼마나 많은 양을 추가할지도 항상 염두에 둬야 한다. 196페이지의 장미 잎과 꽃줄기는 줄기를 올바르게 겹쳐 놓을 수 있는 좋은 예이니 잘 활용하기 바란다.

- 빨간 잉크나 수채물감, 커피, 초크, 표백제, 모드포지 및 일반 물을 모두 잎에 사용하여 다양한 디테일을 살릴 수 있다. 이 책의 스페셜 테크닉 편에서 소개하는 기술을 활용해 시들거나 마른 잎을 표현해보자.

장미 잎, 줄기, 꽃봉오리 그리고 그 외의 모든 것

여기서 제안하는 과정은 아름다운 장미에 대한 흥미를 불러일으키는 데 도움이 될 것이다. 꽃의 모양, 색상뿐만 아니라 꽃의 어그러짐에 대한 표현도 한번 시도해보자.

장미 잎

이 책에서 언급된 장미 잎은 3, 5, 7개의 소엽으로 구성된 복합적인 것이다. 가장 큰 소엽은 상단에 배치하고, 크기순으로 정렬한다. 줄기 철사를 바닥에서 0.15~0.3cm 아래로 굽히고 원예용 테이프나 긴 조각 주름지를 사용해 줄기 면과 마주보게 하면서 소엽을 부착한다. 소엽 쌍을 약 1.5~2cm 간격을 두고 잎과 겹치지 않도록 붙여야 한다. 가운데 줄기잎자루가 얇게 유지되도록 다음으로 놓일 소엽 쌍 줄기를 잘라낸다. 이때 꽃줄기를 붙일 때를 대비해 가운데 줄기는 길게 유지하는 것이 좋다. 209페이지 도안 STPL을 사용하여 녹색 턱잎을 1장 자른다. 커핑하고 끝을 뒤로 컬링한 뒤 꽃줄기를 만나는 잎자루 뒤에 붙인다. 원예용 테이프 또는 녹색이나 밤색 주름지로 감거나 진홍색 수채물감 농축액을 칠한 갈색 주름지로 가운데 줄기와 짧은 소엽 줄기작은잎꼭지를 감싼다. 소엽의 밑 부분에 진홍색 물감을 살짝 발라 밤색으로 변화해가는 시듦을 자연스럽게 표현한다.

장미 꽃받침

높이 약 4.5cm, 길이 약 5cm의 올리브그린 더블렛 긴 조각 또는 녹색 주름지를 5번 접은 상태로 89페이지 도안 CLX1에 맞춰 자른다. 회전축을 따라 돌리고, 각 꽃받침을 커핑한다. 오목한 면이 바깥을 향하게 하여 밑부분에서 뒤로 구부리고 줄기 주위를 따라 장미 밑면에 붙인다. 나는 실제 꽃보단 꽃받침을 길게 만드는 것을 좋아하지만 선택은 자유다. 긴 게 마음에 들지 않는다면 꽃받침을 짧게 잘라도 좋다. 깔끔하게 보이려면 원예용 테이프나 주름지 긴 조각 5개를 활용해 꽃받침을 만들어 꽃에 부착한 뒤 꽃받침을 아래로 구부린다.

장미 꽃봉오리

줄기 철사를 끝에서 2cm 정도 고리 형태로 만든 뒤 원예용 테이프로 단단히 감싸고 209페이지 도안 RB1~RB3에 따라 봉오리 모양으로 만든다. 88페이지의 하이브리드 티 장미 꽃잎 도안 HR1에 맞춰 4장을 자른다. 꽃잎을 깊게 커핑하고 위쪽 가장자리를 말아 꽃봉오리 밑면 주위에 겹쳐 나선 모양이 되도록 만든다. 180그램 #562 더스티그린 또는 100그램 모스그린 주름지에 5개의 연녹색 원예용 테이프로 종이 결 방향대로 겹쳐 붙이고, 접착제가 마르면 209페이지 도안 SPL에 맞춰 5개를 자른다. 손톱으로 여러 번 종이 옆면을 긁어 커핑하면서 질감을 준다. 원예용 테이프가 있는 면에 핑크 초크와 모드포지의 혼합물을 코팅하고 말린 다음 뾰족한 끝부분이 바깥쪽을 향하게 하여 붙인 뒤 꽃받침을 연다.

떨어진 장미

떨어진 장미의 깊이 있는 색상을 원한다면 진갈색의 꽃밥과 흰색 필라멘트가 들어간 수술을 중앙에 추가한다. 앞에서 소개한 시들고 마른 모양의 꽃잎을 활용해 사용한다. 수술 끝부분에서 약 0.75cm 아래로 하나의 시든 꽃잎의 밑면을 붙이고, 꽃잎 바로 아래에 5개의 꽃받침을 고르게 놓는다. 접착제를 바르고, 꽃받침 바로 아래에 올리브그린의 얇은 더블렛을 직경 0.75cm 정도의 구형 씨방에 감고, 핑크초크와 모드포지 혼합물로 코팅한다. 꽃받침을 줄기 아래로 구부린다.

장미 잎 장미 꽃봉오리

장미 꽃받침 떨어진 장미

달리아 꽃봉오리

달리아 줄기와 일치하는 줄기 철사 상단 약 0.6cm에서 고리를 만들어 원예용 테이프로 감싸 지름 약 2cm, 깊이 약 0.6cm의 둥근 꽃봉오리를 만든다. 188페이지 도안 DB-CALYX에 맞춰 2개의 꽃받침 조각을 잘라내는데 하나는 라이트 옐로그린 주름지로, 다른 하나는 올리브그린 더블렛으로 자른다. 먼저 연한 색의 꽃받침 조각을 꽃봉오리 주위에 붙이는데 안쪽에 모아 다듬는다. 꽃봉오리를 투명한 모드포지로 코팅한 후 핑크 초크와 모드포지를 혼합한 가루로 둥근 앞면과 가장자리를 칠한다. 꽃받침 조각은 165페이지 7단계를 참조해 부착한다.

민들레씨와 줄기

차로 물들인 180그램 #600 흰색 주름지로 2개의 조각을 만들어보자. 하나는 높이 약 2cm, 길이 약 15cm 이고, 다른 하나는 높이 약 1cm, 길이 약 60cm로 자른다. 그런 다음에 미리 준비한 민들레 줄기의 고리로 약 15cm 조각을 연결하고 둘레에 접착제를 발라 감싸 고정한 뒤 수평을 유지한다. 이 작업을 반복하면서 손가락으로 앞뒤를 쓸어 윗부분을 풍성하게 정리하고 밑을 정렬한다. 올리브그린 더블렛 주름지에서 높이 약 3cm, 길이 약 4.5cm 크기로 자른 뒤 일정한 간격으로 깊이 약 1.25cm로 뾰족하게 자른다. 꽃술 꼭대기 바로 아래에서 꽃받침 조각으로 꽃봉오리를 감싸는데 색이 더 밝은 쪽이 위에 가도록 붙인다. 꽃봉오리에 꽃받침을 고르게 둘러싼 다음 꽃병 모양처럼 부드러운 곡선 형태로 다듬는다. 포엽의 아래쪽 줄은 129페이지의 8단계를 참조한다.

민들레 줄기의 경우, 갈색 종이를 감싼 18게이지 줄기 철사를 끝부분에서 약 7.5cm 위치에서 종이를 벗겨 점점 얇아지는 모양을 띠도록 한다. 그리고 철사 끝부분에서 약 0.6cm를 구부린다. 얇은 올리브그린 더블렛으로 철사를 감고 철사를 감은 반대 방향으로 접착제를 발라 가볍게 고정한다. 그런 뒤에 올리브그린 더블렛과 같은 방향으로 연녹색 원예용 테이프를 감는다. 손가락으로 표면을 매끄럽게 하고, 옐로 초크로 줄기를 문지른다. 그 다음 키친타월로 줄기를 세차게 위아래로 문질러서 닦은 뒤 가벼운 압력을 가해 원예용 테이프의 왁스가 묻어나오도록 한다.

잎은 각각 몇 센티미터 아래로 겹쳐 놓거나 잎의 앞면을 안쪽으로 놓아 곧게 세우거나 아래로 열리거나 혹은 옆으로 향한 상태로 상단의 잎과 가깝게 배치할 수 있다. 같은 방식으로 더 큰 잎 몇 개를 아랫부분에 추가한다. 자연스러운 전환을 위해 빨간색 수채물감 농축액으로 가볍게 물들여 180그램 #568 진갈색 주름지의 작고 불규칙한 조각을 잎과 가지가 만나는 곳에 더한다.

목련 가지

목련 가지는 갈색 종이로 감싼 18게이지 줄기 철사에 원예용 테이프로 다섯 겹을 감아 줄기를 두껍게 만든다. 처음 네 겹은 부피를 더하기 위해 빠르고 느슨하게 감고, 마지막 한 겹은 표면을 매끄럽게 만들기 위해 단단히 감는다. 줄기를 확장하기 위해선 180그램 모스그린 주름지에서 약 0.6cm 종이 조각을 자른 뒤 줄기 철사를 감싼 뒤 상단 약 2cm 위치에서 30도 각도로 구부린다. 두 갈래로 갈라진 가지의 경우, 주름지로 덮어 더 얇은 가지로 만들기 전에 다른 18게이지 철사를 원예용 테이프로 단단하게 세 번 감는다.

그런 다음에 나뭇가지를 따라 작고 불규칙한 올리브그린 더블렛 주름지 조각을 붙인다. 올리브그린 더블렛 주름지를 안쪽에 붙여 밝은 모스그린 주름지가 간헐적으로 눈에 띄게 한다. 또는 가지 전체를 펼쳐진 180그램 #567 연갈색 주름지로 감싸서 노화된 목련 가지를 완벽하게 재연해낼 수 있다. 하지만 이 경우 줄기 안의 여러 색을 표현할 수 없다.

207페이지의 목련 잎을 다양한 크기로 준비한다. 각 잎 줄기의 밝은 갈색 부분의 맨 끝을 90도로 구부리고, 철사의 감싸지 않은 부분을 뒤로 90도 구부린다. 그후 미완성된 철사와 가지를 감아 잎을 붙이고 종이를 붙여 해당 부위의 색이 일치하도록 한다. 점점 얇아지는 끝 바닥에서 시작하여 서로 마주보는 3개 또는 4개의 작은 잎을 찾아 서로 1cm 정도 겹쳐 놓는다. 중간 사이즈

꽃의 형태에 따른 잎들

부겐빌레아 | 나팔꽃
카네이션 | 장미
수선화 | 다양한 형태의 양귀비
모란 | 코스모스

잎 세부사항

다음은 개별 잎을 만들 때 도움이 되는 몇 가지 일반적인 팁이다.

- 안쪽 잎 가장자리를 가능한 직선으로 잘라야 할 경우 주름지에 라인을 새겨 자를 이용해 자르거나 직선으로 자를 수 있는 도안을 활용한다.

- 녹색 천으로 감싼 24게이지 줄기 철사를 잎 뒷면의 중심선에 부착하고 끝부분 약 1.5mm에 배치하여 사용한다. 약 10cm 정도 연장하고 싶은 경우 잎새의 겹치는 가장자리에 선을 숨긴다. 잎을 접거나 커핑 또는 주름지를 늘리기 전에 철사가 단단히 고정되었는지 확인한다. 잎을 두꺼운 꽃줄기에 붙일 때는 약 10cm의 잎줄기를 약 1.25~2cm 길이로 잘라 꽃줄기에 붙였을 때 눈에 덜 띄도록 한다.

- 주름지를 라미네이팅할 때 종이 결 방향에 맞춘다. 더 나은 결과를 얻으려면 주름지를 라미네이팅을 한 후 잎을 자른다.

- 잎은 올리브그린 더블렛과 100그램, 180그램 모스그린 주름지 모두 활용해도 좋다. 다만 잎의 크기, 모양, 색상 및 질감은 계절이나 지역에 따라 다를 수 있으므로 적절하게 조정한다.

부겐빌레아

도안 208페이지 1A~1E
종이 올리브그린 더블렛. 진한 쪽이 위로 가도록 한다.
특별 지침 잎 중앙의 주름을 잡고, 잎을 잡아당겨 가장자리를 커핑한 뒤 잎 끝부분에서 아래쪽으로 구부리거나 평평하게 유지한다. 잎줄기의 길이는 잎의 크기에 따라 달라지겠지만 약 0.6~3.8cm가 적당하다.
부착 원예용 테이프를 사용해 부겐빌레아 송이에 붙인다. 더 긴 덩굴의 경우 원예용 테이프 또는 올리브그린 더블렛 주름지 긴 조각의 반대편 쌍을 겹치거나 회전시켜서 부겐빌레아 송이와 겹치도록 잎줄기를 서로 붙인다.

카네이션과 그린 트릭 패랭이꽃 ***

도안 208페이지 2A~2D
종이 160그램 올리브그린 또는 100그램 모스그린 주름지
특별 지침 없음
부착 줄기에서 돌출된 암녹색 원예용 테이프 돌기 아래에 양쪽 잎 한 쌍을 붙인다. 카네이션의 경우, 꽃받침 아래 약 1cm 지점에 2A 잎 한 쌍을 붙이고, 줄기를 따라 회전하는 반대쪽의 약 7.5cm 밑에 2B 잎 한 쌍을 붙인다. 이와 비슷하게 더 큰 잎을 계속 붙여 나간다. 그린 트릭 패랭이꽃의 경우, 꽃의 밑 부분에 튀어나온 부분 없이 2A 잎을 붙이고, 카네이션과 비슷한 방법으로 계속 붙여 나간다. 줄기에서 위쪽으로 휘거나 파도처럼 곡선을 띠도록 잎을 구부린다. 암녹색 원예용 테이프나 주름지로 줄기를 감싼다.

수선화와 겹꽃 수선화

도안 208페이지 3
종이 올리브그린 더블렛 주름지. 진한 쪽이 바깥쪽을 향하도록 한다.

특별 지침 2겹의 더블렛 주름지 위에 도안을 놓고 주름지를 늘려가면서 전체 높이에 맞춰 자른다. 24게이지 줄기 철사를 중간에 끼워 라미네이팅한다. 모서리를 다듬고 중심선을 따라 가볍게 안쪽으로 접은 다음 세로로 가볍게 꼰다.

부착 잎의 끝부분을 꽃 머리 중심 가까이에 놓고, 잎과 어울리는 종이로 잎의 바닥 0.6cm를 감싼다. 줄기 아래쪽을 잎과 연결해야 하는 경우 160그램 올리브 혹은 짙은 황록색 주름지로 긴 잎을 대신한다.

모란

도안 208페이지 4A~4E

종이 100그램 그린티 혹은 160그램 짙은 황록색 주름지에 라미네이팅이 된 올리브그린 더블렛 주름지. 동일한 색상으로 2개의 층을 만들어 라미네이팅을 하면 더 보기 좋은 긴 잎을 만들 수 있다.

특별 지침 2가지 색으로 나눠진 라미네이팅된 잎에서 밝은 뒷면을 물로 씻어 색이 번지도록 한다. 잎이 마르면 뒤쪽에 잎 철사를 붙이기 전에 잎을 서로 붙이고 중앙에서 커핑해 양옆을 안쪽으로 약간 말아준다. 1장의 4A와 2장의 4B 잎을 겹쳐 붙여서 잎의 표면과 일치하도록 주름지 약 2.5cm 밑에 철사로 감싼다. 잎을 위로 향하게 하거나 뒤로 크게 구부린다.

부착 줄기의 수센티미터 아래에 세 갈래의 잎을 붙여 주름지로 줄기를 감싸는데, 주로 연녹색의 주름지를 사용한다. 더 작은 홑겹의 잎을 줄기에 단단히 붙여 꽃에 더 가깝게 하고, 일부는 꽃 머리 밑에 놓는다. 원한다면 소량의 빨간 얼룩을 만들어 줄기와 잎의 변화를 표현한다.

나팔꽃

도안 209페이지 5A~5C

용지 180그램 그린티 주름지에 라미네이팅이 된 180그램 모스그린 주름지

특별 지침 줄기 철사를 밝은 빨간 얼룩으로 물들이고 부착 전 건조시킨다. 잎의 끝부분을 안쪽으로 주름지게 하고, 잎의 중심의 아래쪽 약 2cm를 뒤쪽으로 구부린 뒤 양면을 위쪽으로 커핑하여 줄기에 움푹 들어간 부분을 만든다.

부착 꽃에서 약 17~30cm 아래 줄기에 잎을 붙이거나 180그램 모스그린 주름지로 여러 잎줄기를 감아 덩굴을 만든다. 덩굴 하나당 잎 모양 하나만 사용한다.

장미

도안 209페이지 6A~6E

종이 올리브그린 더블렛. 진한 색이 윗면에 오도록 한다. 180그램 #600/5 녹황색 옴브레 주름지 또는 녹색 주름지를 주름진 상태로 사용하거나 펼쳐서 사용한다.

특별 지침 중심선에 따라 잎에 주름을 만든다. 약간 볼록한 표면을 위해 중심선 한쪽을 뒤로 커핑하거나 잎 철사를 구부려서 웨이브를 준다. 잎의 가장자리를 매끄럽게 두거나 작은 가위를 사용해 아래쪽으로 작은 곡선을 만들거나 또는 종이 결과 평행하도록 안쪽으로 잘라 톱니 모양으로 자른다. 장미 잎 채색, 광택, 모양, 잎맥, 줄기 감기 등에 대해서는 195페이지를 참조한다.

부착 원예용 테이프나 주름지로 만든 긴 조각을 활용해 원하는 곳에 잎을 붙인다.

양귀비

캘리포니아 트리 양귀비✱✱✱
도안 209페이지 7A~7E
종이 100그램 또는 180그램 모스그린 주름지
특별 지침 없음
부착 꽃 아래 약 2.5cm 지점에 7A 잎 한 쌍을 붙이고, 줄기 아래로 약 3.2cm 회전시킨 부분에 7B 잎을 붙인다. 그런 다음에 여러분의 취향대로 잎을 부착하되 줄기 아래로 갈수록 넓은 간격을 유지하며 배치한다. 잎은 줄기 위쪽으로 향하게 하고 끝을 앞으로 구부린다. 잎과 어울리도록 주름지로 줄기를 감싸는데 굳이 감싸고 싶지 않다면 그대로 두어도 무방하다.

양귀비
-대니쉬플래그, 라일락 폼폼, 블랙 스완
도안 210페이지 7F
용지 180그램 #562 모스그린 주름지
특별 지침 잎 가장자리를 작은 지그재그 모양으로 자른다. 잎의 뒷면 가장자리를 엄지손톱으로 잡아당겨 뒤로 약간 구부린다. 잎줄기를 약 2cm 길이로 자르고, 잎 양쪽에 약 1cm 높이의 틈새를 만들어준다.
부착 잎사귀의 철사를 구부려 꽃에서 20cm 아래에 연녹색 원예용 테이프로 잎을 붙인다. 줄기 주위에 잎의 바닥을 감아 앞뒤를 접착제로 붙인 뒤 끝부분을 약간 뒤로 구부린다.

오리엔탈 양귀비✱
도안 210페이지 7G
종이 180그램 모스그린 주름지
특별 지침 도안에 표시된 대로 주름지 2조각을 합친다. 경계선을 따라 녹색 천으로 감싼 20게이지 줄기 철사를 붙이고 주름지로 덮는다. 주름지로 덮은 철사 면을 위로 해 도안에 맞춰 잎의 더 큰 부분을 자른 다음 톱니 모양으로 자류롭게 자른다. 엄지손가락으로 각 부분을 커핑하고 위로 약간 회전시킨다.
부착 줄기의 끝은 연녹색 원예용 테이프로 붙인다. 도안 상단의 작은 부분을 꽃 가까이 배치한다.

아이슬란드 양귀비✱
도안 210페이지 7H
종이 100그램 모스그린 주름지
특별 지침 도안에 표시된 대로 주름지 2조각을 합친다. 경계선의 앞과 뒷면에 녹색 천으로 감싼 24게이지 줄기 철사를 붙인다. 도안을 사용해 잎의 둥근 부분을 자른다. 각 부분의 끝을 커핑하고, 바로 밑의 부분과 겹친 다음 접착제를 조금 발라 고정한다. 옐로 초크를 줄기에 문지르고 붓으로 블렌딩한다.
부착 줄기 끝을 연녹색 원예용 테이프로 감싼다.

코스모스

이 책에 나와 있는 2종류의 코스모스는 확연히 다른 잎을 가지고 있다.

초콜릿 코스모스
도안 210페이지 8A~8F
종이 올리브그린 더블렛 주름지
특별 지침 196페이지에 나와 있는 장미 잎 설명에 따라 여러 개의 잎줄기를 조립하고 감싼다. 중심선에 주름을 잡고 잎을 약간 뒤로 구부린다.
부착 줄기 부분과 일치하도록 주름지를 감싸며 부착한다.

코스모스

도안 210페이지 8G

종이 180그램 #600/5 녹황색 옴브레와 #562 모스그린 주름지를 사용해 줄기 색상과 맞춘다.

특별 지침 종이 결의 방향과 관계없이 동일한 위치에서 가위를 회전시켜 얇고 점점 가늘어지는 모양으로 자른다. 도안 8G에 따라 중심 줄기 철사에 양치식물 모양의 잎을 놓고 접착제를 작은 집처럼 발라 조각을 붙인다. 마무리가 되면 줄기 앞쪽을 얇은 주름지 조각으로 감싼 다음 잎의 안쪽으로 주름을 만들고 끝을 나무 꼬치로 뒤로 가볍게 당겨 컬을 만든다. 잎의 끝부분을 뒤로 약간 구부린다.

부착 줄기 하단부에 수평적으로 잎 한 쌍을 감싸 부착한다. 몇 개의 작은 잎은 꽃과 가까운 곳에 쌍으로 배치한다.

민들레**

도안 211페이지 9A~9D

종이 올리브그린 더블렛 주름지. 어두운 부분이 윗면을 향하도록 한다.

특별 지침 희석된 수채물감 농축액으로 염색한 녹색 천으로 감싼 20게이지 줄기 철사를 잎 밑으로 약 3.8cm 연장해 자른다. 물감이 마르면 잎 상단 약 5cm를 큰 잎을 위해 남겨두고, 약 2.5cm를 작은 잎을 위해 남겨둔 후 잎 가장자리를 붙인다. 철사를 잎의 표면과 열린 잎새 부분의 아래쪽에 붙인다. 상단 잎새와 철사를 겹쳐 붙인 후 2겹의 잎 사이에서 철사가 감춰지는 부분이 점차 얇아지도록 한다. 철사에 과도한 접착제를 긁어내고 줄기가 고정되면 중심선 양옆의 잎을 뒤에서부터 조심스럽게 커핑하여 잎 면이 약간 볼록하고 구불거리도록 만든다. 잎의 가장자리를 모자 핀 위로 감고, 옐로 초크로 가볍게 칠한다. 잎이 보일 듯 말 듯하게 S자 곡선으로 구부린다. 민들레를 세워 놓으려면 하단의 여분의 철사를 사용하거나 불필요한 경우 철사를 잘라낸다.

부착 잎은 줄기와는 별개다.

에키네시아

도안 211페이지 10A~10B

종이 180그램 #600/5 녹황색 옴브레 또는 100그램 모스그린 주름지를 사용해 줄기 색상과 맞춘다.

특별 지침 없음

부착 잎 밑을 꽃에서 약 7.5cm 아래 줄기에 직접 붙이고 감싼다. 큰 잎을 반대 방향으로 약 6cm 아래 줄기에 가깝게 붙이고 바깥으로 구부린다.

유칼립투스**

도안 211페이지 11A~11D

종이 올리브그린 더블렛과 180그램 #562 모스그린 주름지 또는 100그램 모스그린 주름지와 180그램 #564 청녹색 주름지. 혹은 양면 모두 바크 페이퍼

특별 지침 잎의 면 양쪽을 내부 곡선을 따라 붙이고 곡선 가장자리를 따라 철사 줄기를 접착제로 붙인다. 11A와 11B에서처럼 한 번에 하나씩 잎 면을 2개 더 붙이고, 중심선을 부드럽게 한다. 옅은 빨간 얼룩이나 수채물감 또는 커피로 중심선의 가장자리와 몇 부분을 가볍게 물들인다.

부착 줄기 아래를 감싸며 붙이는데 유칼립투스 꼬투리 사이 곳곳에 배치한다.

금잔화

도안 212페이지 12A~12E

종이 160그램 연두색 주름지

특별 지침 도안 12A를 따라 각진 2개의 주름지 조각을 붙이고, 줄기 철사를 뒤에 붙인다. 그 후 12A를 따라 작은 잎을 자르고 안쪽으로 조금씩 구부린다. 큰 잎을 자르고 접착제로 붙인 뒤, 12B~E의 작은 잎에 각각 철사를 붙인다. 그 후 12B를 따라 톱니 모양의 모서리로 자른다. 장미 줄기 설명에 따라 작은 잎을 감싸 전체 잎 구조로 만든다. 작은 잎의 철사를 따라 안쪽으로 주름을 만들고 각 잎을 뒤쪽과 윗면으로 약간 구부린 뒤, 전체적으로 잎을 같은 방향으로 다시 구부린다.

부착 양치식물 모양의 작은 12A 잎을 꽃에 가까이 붙이고, 큰 잎을 줄기 아랫부분에 붙여 줄기 철사를 감싼다.

백일홍

도안 212페이지 13A~13D

종이 180그램 #562 모스그린 주름지에 라미네이팅이 된 100그램 또는 180그램 모스그린 주름지

특별 지침 잎새를 잘라내 함께 붙이는데 잎새가 부드러운 상태에서 아래쪽 절반을 커핑하고 도면의 선을 따라 접어 각각의 위쪽 면을 안으로 주름 잡는다. 밑면에 틈을 잘라내어 잎줄기 철사를 잎의 뒤쪽에 붙인다. 철사가 고정되면 각 잎의 표면을 물로 적시고, 진홍색 수채물감 농축액을 틈 주위에 가볍게 두드려 바른다. 잎을 줄기에 붙이기 전에 건조시킨다.

부착 잎 철사를 뒤로 구부리고 줄기를 중심으로 서로 마주보게 한다. 가장 작은 잎 철사는 약 2.5cm 아래로, 그 다음은 약 10cm 아래로 회전하는 방식으로 계속 붙여나간다. 그런 다음 잎 철사를 줄기에 고정한다.

달리아*

도안 212페이지 14A-14G

용지 올리브그린 더블렛, 160그램 짙은 황록색 또는 180그램 모스그린 주름지

특별 지침 녹색 잎의 앞면에 잎 철사를 붙이고 옐로 초크로 문지른다. 잎을 안쪽으로 커핑하고 엄지손톱으로 접힌 모양의 잎맥을 잎 표면에 새긴다. 짙은 황록색 주름지로 만든 어두운 색의 나뭇잎의 경우, 모드포지로 덮인 붓에 진홍색 수채물감 농축액을 2방울 떨어뜨린 다음 재빨리 혼합하여 모드포지를 잎 앞면 전체에 펴 바른다. 모드포지가 마르면서 보라색에 가까운 검은색으로 비칠 것이며 멋진 광택을 줄 것이다. 줄기 철사를 어두운 잎의 뒷면에 부착한다.

부착 작은 꽃잎은 꽃받침에서 약 2.5~5cm 밑에 붙이고, 큰 꽃잎은 줄기에서 약 12.5cm 이상 아래에 녹색 주름지나 짙은 갈색의 원예용 테이프를 사용해 줄기와 일치하도록 붙인다.

미나리아재비

도안 213페이지 15A~15C

용지 100그램 모스그린 주름지에 라미네이팅이 된 180그램 모스그린 주름지

특별 지침 작은 15A 잎을 중심선 쪽으로 주름 잡고 끝부분을 뒤로 약간 구부리거나 평평하게 유지한다. 더 큰 복합적인 잎의 경우, 하나의 15B 잎을 2개의 15C 잎 옆에 배치하고, 밑을 겹쳐서 붙인다. 철사가 연결되지 않은 부분을 손가락으로 늘려 부드럽게 만들고 뒤로 약간 구부린다.

부착 작은 잎의 밑 부분을 겹쳐서 꽃으로부터 약 2.5~5cm 떨어진 곳의 줄기에 직접 붙인다. 더 큰 복합적인 잎은 꽃의 밑 부분에서 약 7.5~10cm 아래에 큰 무리

로 붙일 수 있다. 꽃줄기에 잎 철사를 감싸듯 붙이는데 몇몇 줄기는 수직으로, 다른 줄기는 위쪽으로 향하도록 붙인다.

목련

도안 213페이지 16A~16C

종이 180그램 #567 연갈색 주름지에 라미네이팅이 된 올리브그린 더블렛. 어두운 면이 위쪽을 향하도록 한다.

특별 지침 라미네이팅된 잎을 모은 후 모드포지를 덧입힌다. 5분간 건조시킨 다음 가볍게 접어서 밑 부분의 중심선에 주름을 잡는다. 잎 앞면이 약간 볼록하게 올라오도록 잎의 양면에서 뒤쪽으로 커핑한 다음 중심선 양면을 오목하도록 잎 윗부분을 약 3.8cm 커핑한다. 모자 핀이나 꼬치를 사용해 잎의 가장자리를 뒤로 가볍게 컬링한 다음 평평하게 펴서 컬링 효과를 줄인다. 잎줄기 철사를 연갈색 주름지로 감싸고, 철사 아래쪽 약 10cm 지점에 있는 잎 아래로 종이를 약 2.5cm 더 늘린 후 끝 부분을 뾰족하게 만든다. 옐로 초크를 밑면 중앙과 잎 가장자리에 문지른 뒤 잘 혼합한다. 새 나뭇가지를 표현할 경우 가지의 잎 크기를 약 0.3cm 정도 다듬어서 약간 더 생생하게 표현한다.

부착 199페이지의 목련 줄기를 참조한다.

* 잎의 양면을 잘라낸 후 붙이는 대신 이미 붙인 주름지를 활용해 잎을 자르는 방법을 추천한다.

** 펠트펜을 사용해 도안을 0.15cm 밖으로 투사해 선 안쪽으로 잎을 자르는 방법을 추천한다.

*** 위의 두 가지를 모두 활용하는 것을 추천한다.

도안 및 가이드

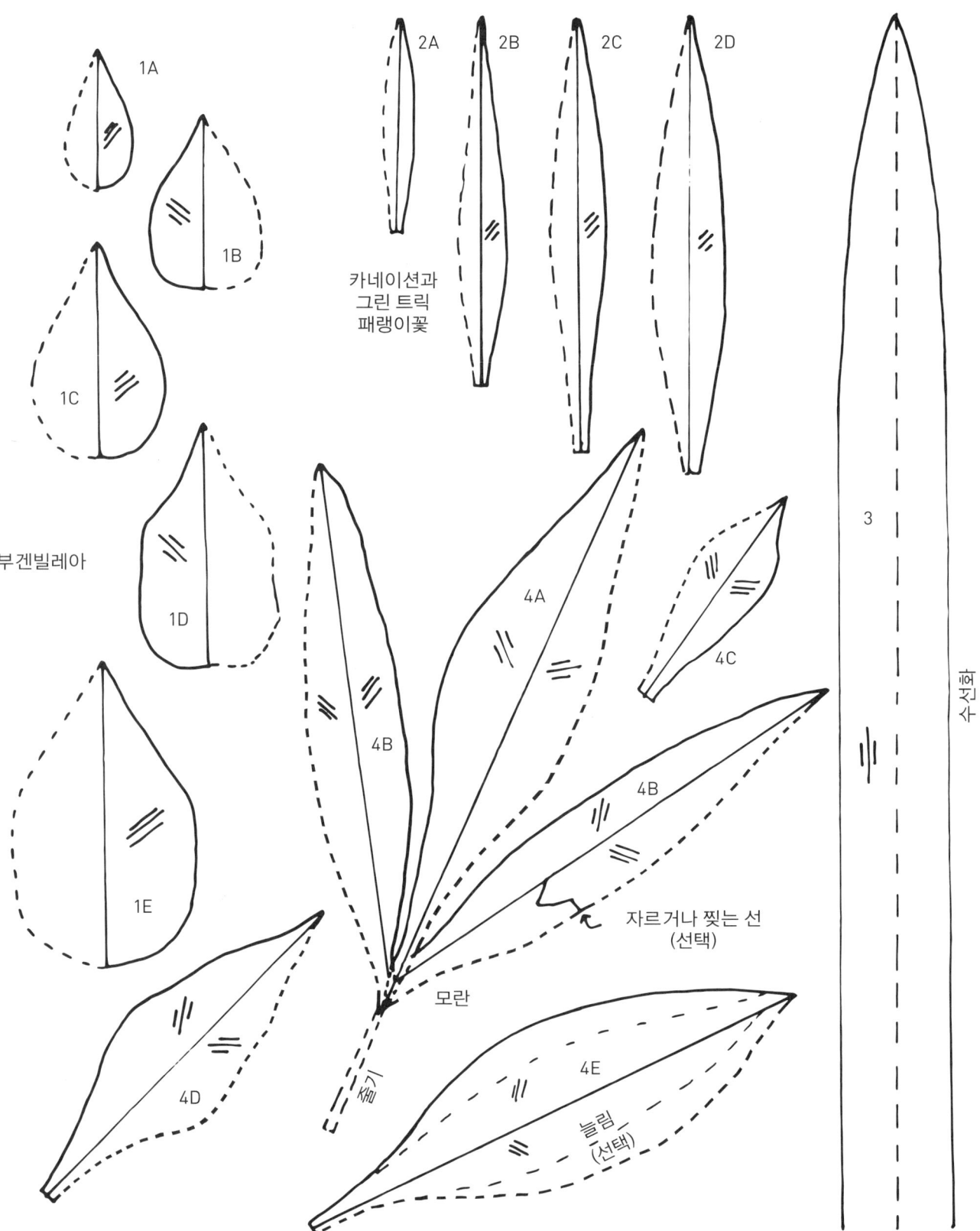

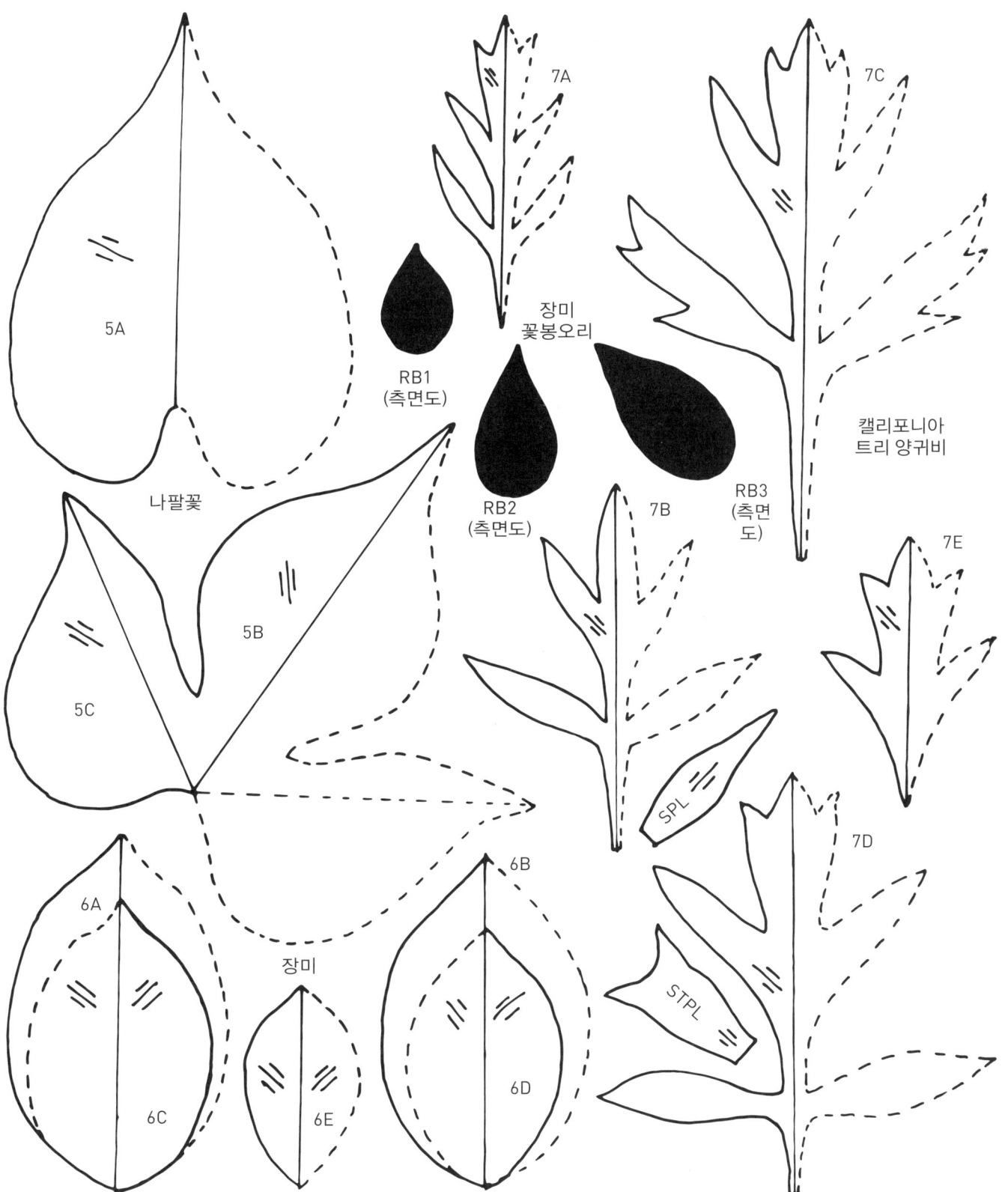

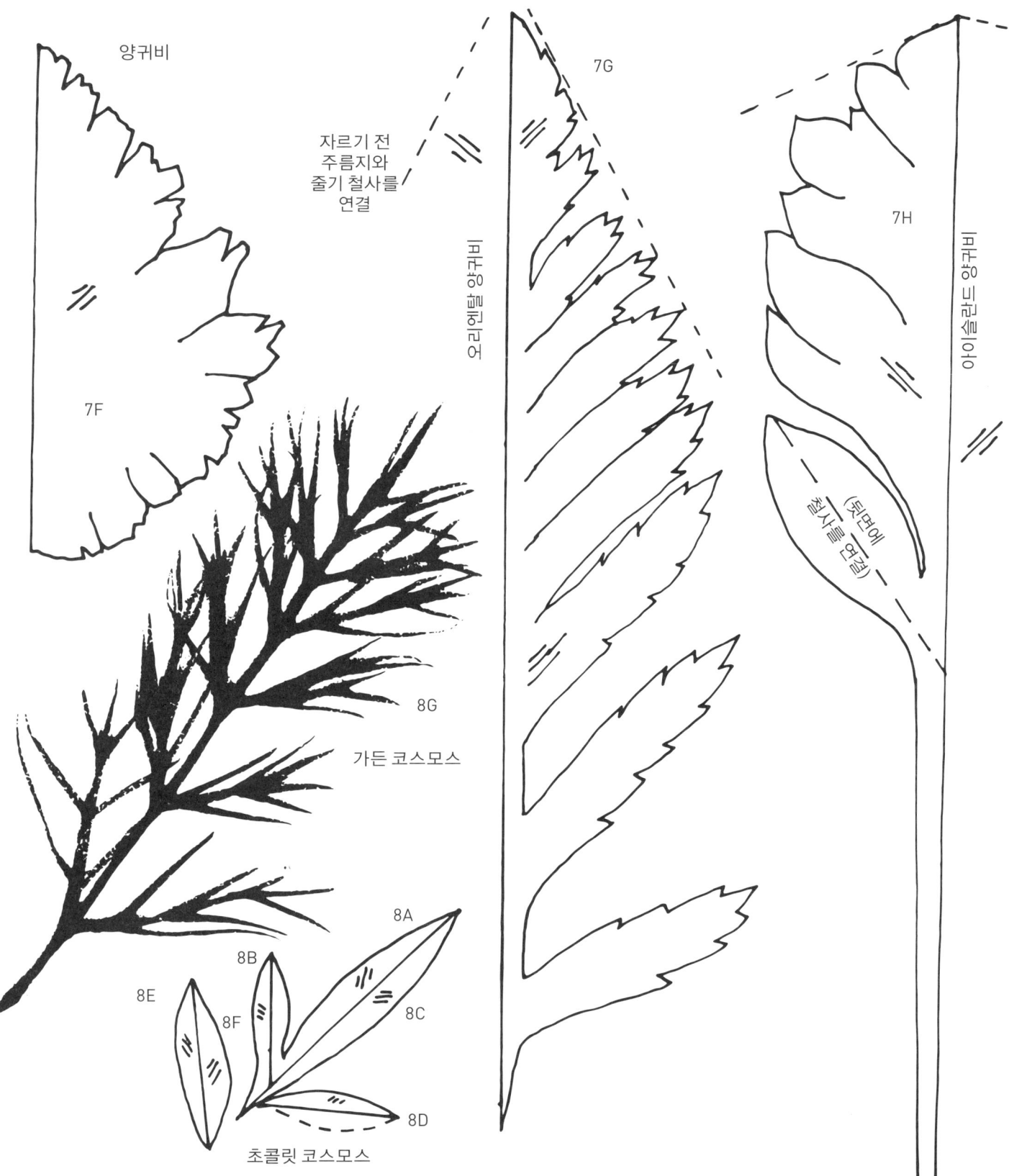

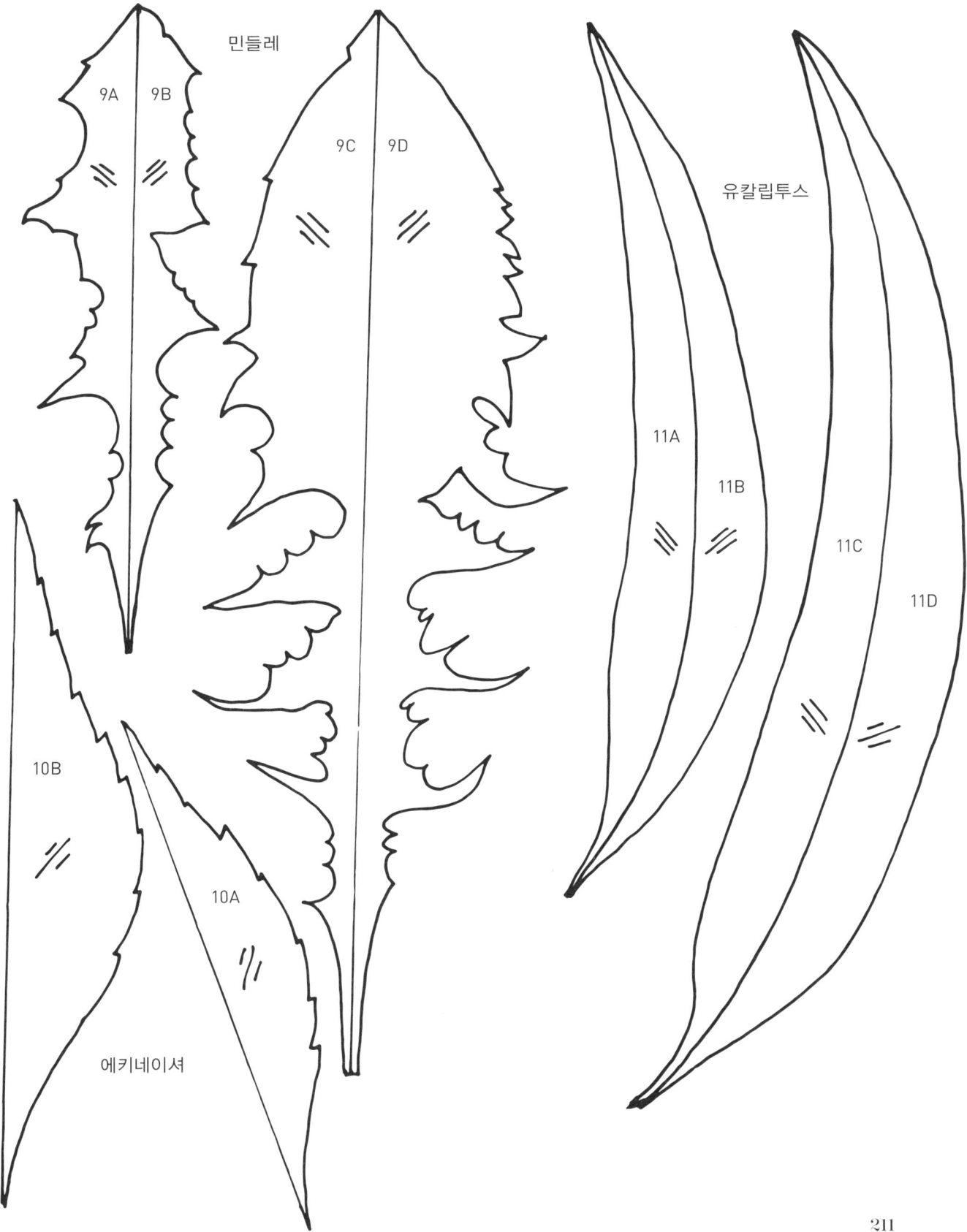

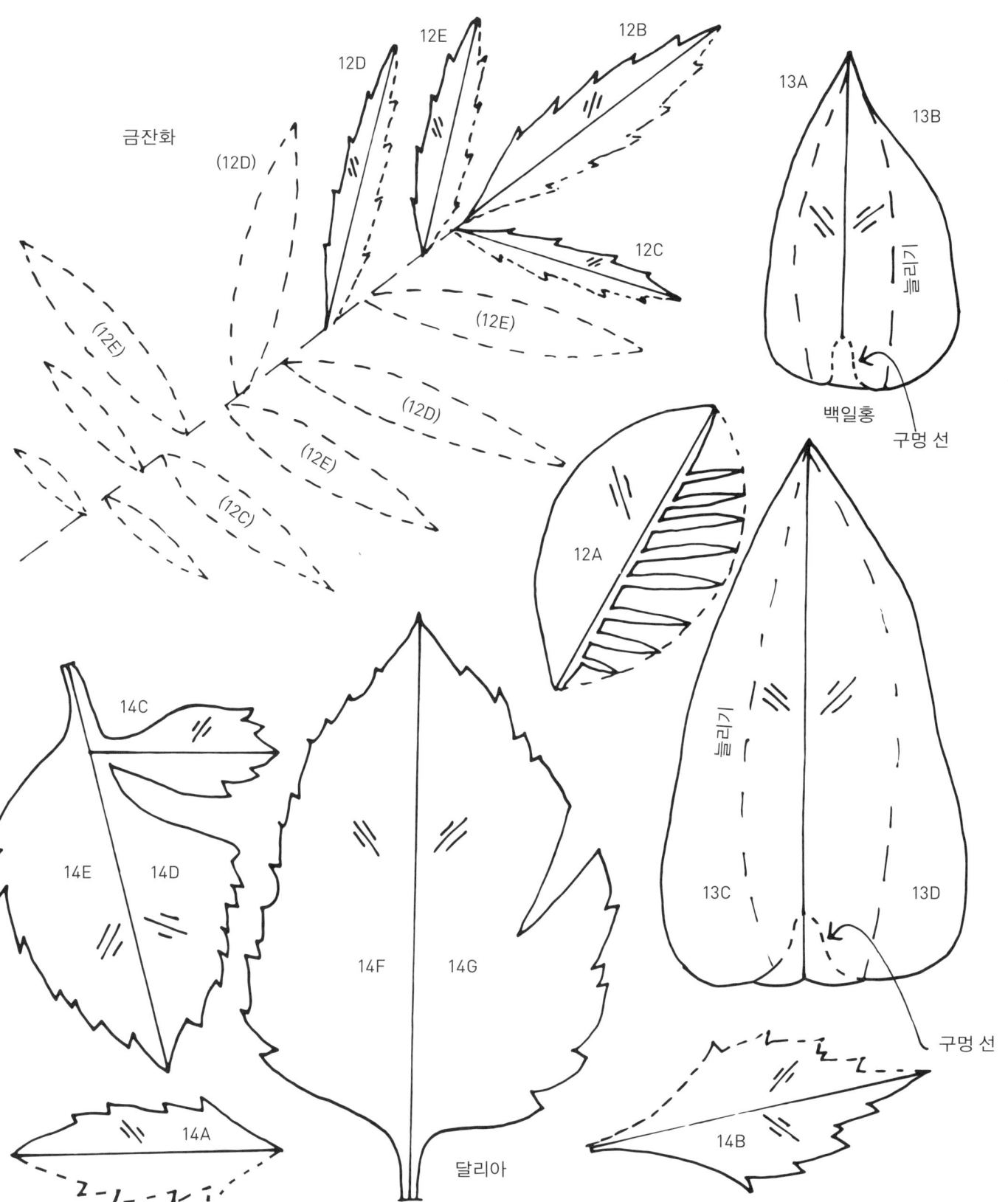

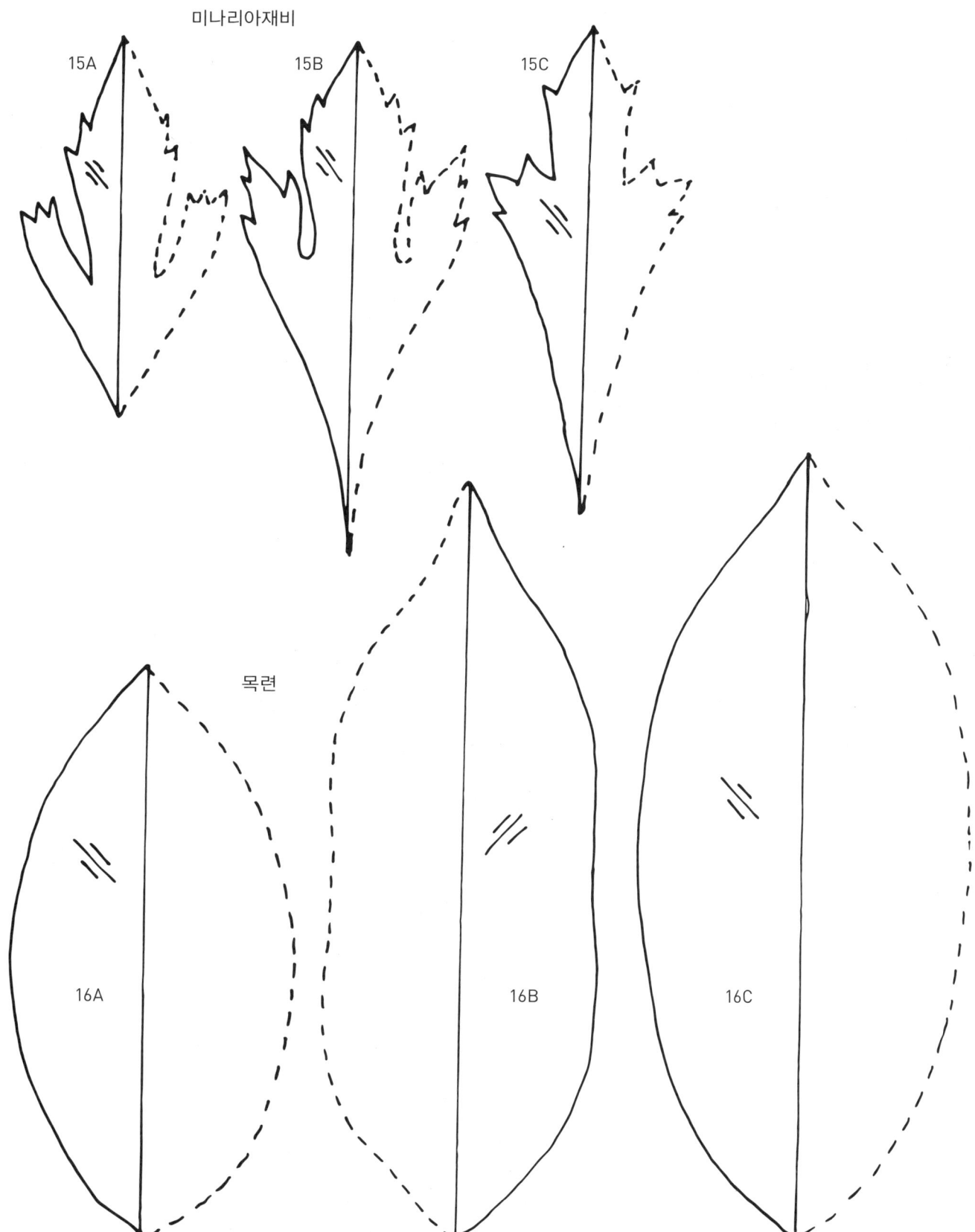

CHAPTER 4

things to wear & things for your hair

페이퍼 플라워 액세서리

페이퍼 플라워로 만든 액세서리

나에게 있어 페이퍼 플라워로 된 옷을 입는다는 것은 더할 나위 없는 기쁨이라고 말할 수 있다. 특히 잘 만들어진 페이퍼 플라워 웨딩드레스는 특별한 날의 소중한 추억으로 남을 것이다. 나는 가끔 기분 전환을 위해 특별한 일이 없어도 페이퍼 플라워로 만들어진 헤어 액세서리를 착용한다. 우울한 날이면 그저 페이퍼 플라워로 만들어진 꽃 한 송이를 귀 뒤로 꽂는 것만으로도 기분이 한결 나아진다. 페이퍼 플라워를 전시하기 위해 제일 먼저 만드는 것은 헤어 액세서리였다. 액세서리에 대해선 우리가 상상할 수 있는 것보다 훨씬 더 많은 방법과 색상이 있다. 이 장에선 이 책에 나온 페이퍼 플라워를 활용해 만들 수 있는 작품들을 어떻게 구성하고 만드는지 알아볼 것이다. 여러분만의 페이퍼 플라워 걸작을 디자인해보면 색다른 재미를 느낄 것이다. 다만 주의할 점은 화염과 습기를 멀리해야 하니 이 점 꼭 명심하자.

데이지 꽃 사슬과 화환

꽃 사슬을 만드는 것은 매우 간단하다. 사용하고자 하는 꽃줄기를 원하는 길이로 자르고, 꽃 머리 밑 부분에 줄기 끝부분을 감아서 이어준다. 꽃을 머리에 두르고 싶으면 갈색 종이로 싸인 유연하지만 적당하게 두꺼운 18게이지 철사를 줄기로 사용하여 머리 둘레에 맞게 조절하면 된다. 꽃보다 줄기가 더 많이 보인다면 꽃의 위치는 바꾸지 말고 꽃이 정면을 바라보도록 약간 구부린다. 국화과나 해바라기과의 민들레, 코스모스, 에키네이셔 그리고 백일홍이 이러한 유형의 꽃 사슬이나 화관을 만들 때 가장 적합하다.

오래전에 건축학을 공부하면서 인도 북부 지방에서 4개월을 보낸 적이 있었다. 나는 그곳에서 운 좋게 맞닥뜨린 사원과 결혼식 행렬에서 본 금잔화와 카네이션 화환에 매혹되었다. 화환은 세계 곳곳에서 종교나 문화적 중요성을 지니고 있으며, 대표적인 곳이 하와이의 레이나 태국의 말라이다. 또한 포르투갈의 국민 축제에선 길 곳곳이 페이퍼 플라워로 뒤덮여 있는 것을 볼 수 있다. 여러분의 문화가 페이퍼 플라워를 어떻게 바라보는지는 모르겠지만 페이퍼 플라워로 만든 화환을 보면 그 아름다움과 화려함에 도취될 것이다.

139페이지 금잔화를 만드는 과정에서 나무 꼬치를 중심으로 꽃을 만드는 방법을 설명했다. 이렇게 만드는 방법은 꽃을 완성한 후 꼬치를 빼면 꽃의 중심 부분에서 잘 보이지 않는 구멍이 만들어져 줄을 연결하기가 쉽다. 이 방법은 카네이션, 달리아, 더블 밤 모란 등에 적용할 수 있다. 물론 약간의 시행착오는 겪을 수 있지만 말이다. 꼬치를 제거하기가 힘들다면 꽃잎을 붙이기 전 꼬치의 끝부분에 약 2.5cm 높이의 주름지 조각을 접착하지 말고 단단히 감싸보자. 조금만 비틀어도 꼬치를 쉽게 제거할 수 있다.

실, 삼베, 리본 등을 구부러진 철사를 이용해 꽃의 구멍을 꿰어 화환을 만들어보자. 장식용으로 꽃과 꽃 사이에 비즈 또는 다른 재료를 넣거나 꽃 사이를 멀리 떨어뜨려 원하는 위치의 각 꽃받침 밑에 매듭을 묶어도 좋다.

부토니에르

뒤뜰에서 진행하는 작은 결혼식을 위해 나는 신선한 은방울꽃으로 부토니에르를 만들었시만 저녁식사를 할 때쯤 꽃은 시들었다. 이것이 생화의 단점이다. 그 이후 나는 결혼식 소품은 주로 페이퍼 플라워로 만든다. 페이퍼 플라워는 결혼식 내내 시들지 않고 손상도 되지 않는 장점을 부각하며 자신의 진가를 뽐낼 것이다.

부토니에르는 프랑스어로 단춧구멍을 의미하는데 정장 또는 턱시도 좌측 상단 단춧구멍 등에 꽂기 위한 꽃을 말한다. 원래는 신부가 부케에 있는 꽃을 신랑의 턱시도 단춧구멍에 꽂아주면서 결혼을 받아들인다는 의미가 담겨 있기도 하다. 단춧구멍에 넣어야 하기 때문에 작은 꽃을 선택해야 하는데 카네이션이나 금잔화처럼 큰 꽃받침이 있는 경우 포켓 안에 꽃받침을 넣고 꽃머리만 보이도록 해야 한다. 만약 정장에 포켓이 없는 경우 옷깃 앞쪽에 부토니에르를 꽂아야 하기 때문에 눈에 띄는 꽃받침이 있는 꽃은 피해야 한다. 부겐빌레아, 하이브리드 티 장미, 양귀비 또는 백일홍과 같은 꽃을 사용하는 것이 좋다. 또는 재치 있게 베이비 그린 트릭 패랭이꽃을 사용하는 방법도 있다. 그러면 아름다운 의미가 담겨진 부토니에르를 만들어보자.

베이비 그린 트릭 패랭이꽃 부토니에르

접착제
글루건
100그램 그린티 주름지
녹색 천으로 싸인
16게이지 꽃철사
원예용 테이프
약 0.6cm 너비의 새틴 리본
코르사주 핀

1 100그램 그린티 주름지에서 155페이지 도안 TYPE I에 맞춰 높이 약 2.5cm, 길이 약 20cm의 긴 조각을 10장 자른다. 꽃술을 만드는 방법은 144페이지에 자세하게 설명했으니, 그것을 참조하자.

2 꽃철사 상단에 작은 고리를 만든다. 그린티 주름지 긴 조각 6장 밑 부분에 접착제를 얇게 바른 뒤 먼저 1장으로 꽃철사를 감는다. 상단 고리를 가리면서 밑 부분을 일정하게 유지한다. 두 번째는 첫 조각을 감을 때보다 약 0.15cm 밑에서 시작한다. 4장의 긴 조각을 반복하며 붙이는데 밑 부분은 두 번째 조각과 나란히 한다. 그런 후에 10분 정도 접착제가 마를 때까지 기다린다.

3 나머지 4장의 긴 조각을 수직 교차점에서 감싸 밑 부분을 마지막 조각으로 가린다. 그런 다음 밑 부분을 너비 약 5cm, 높이 약 3.8~5cm 정도의 둥근 모양으로 다듬는다.

4 줄기 길이는 약 7.5cm로 자르고, 중간 지점에서 단단히 접는다. 이 줄기 길이는 이 꽃에서만 균형이 맞는 것으로 다른 꽃을 표현할 때는 그것에 맞춰 알맞은 비율로 바꿔줘야 한다.

5 줄기에 새틴 리본을 감아보자. 접착제를 사용해 리본을 줄기 하단에서 약 1.25cm 위로 고정하면서 나선형으로 감싼다. 이때 리본의 모든 표면이 보이게 감아줘야 한다. 꽃의 밑 부분을 두 번 감싸 단단히 묶은 후 리본 끝을 아래쪽으로 당겨 잘 다듬고 적당한 각도로 자른다. 리본 2겹에 2개의 코르사주 핀을 꽂아 줄기 상단에 고정한다. 꽃의 머리 부분을 5도에서 10도 구부리면 옷깃에 제대로 고정시킬 수 있다.

부케

아마 눈치 채지 못한 사람은 없겠지만 아무리 페이퍼 플라워를 잘 만들었다고 해도 실제 꽃과 완벽하게 똑같진 않다. 실제 꽃잎의 부드러움과는 다르게 페이퍼 플라워의 꽃잎은 뻣뻣하고 유연하지 않고 서로 충돌하기도 한다. 그래서 나는 항상 페이퍼 플라워와 끊임없이 씨름해야 한다. 특히 부케를 만들 때는 더 그렇다.

어느 날 아침, 나는 이 고민을 멋진 꽃집을 운영하고 있는 플로리스트인 친구 모니카에게 털어놓았다. 그녀의 꽃집은 항상 최상의 꽃이 있었고, 내가 필요할 때마다 원예시장에서 꽃을 사다주었다. 그녀는 목련 가지를 집어들며 손수 부케를 만들기 시작했다. 잎과 가지의 교차점 사이에 꽃을 배치했는데 그녀의 선택은 멋졌다. 목련 가지가 아닌 다른 것을 사용하기를 원한다면, 장미꽃이 여러 송이 달린 줄기나 부겐빌레아 송이 사이의 공간도 도움이 될 수 있다. 꽃이 완성되면 원하는 종류의 넓은 리본을 골라 간단하게 매듭을 지어 부케를 마무리한다.

※부케를 위한 재료는 다음과 같다.
목련 가지199페이지 | 디너플레이트 달리아161페이지 | 국화과 에키네이셔131페이지 | 초콜릿 코스모스101페이지 | 일본식 모란49페이지 | 카네이션37페이지 | 백일홍149페이지 | 시든 코럴 참 모란177페이지

화관

나는 손수 만든 페이퍼 플라워로 아름다운 화관을 만드는 작업을 좋아한다. 화관은 수세기 동안 여러 행사에서 상징적으로 사용해 많은 규칙이 있지만 자신만을 위해서 만들 때는 자유롭게 만들면 된다. 무작위로 구성된 꽃들로 이뤄진 화관은 매우 아름답다. 이 책의 어떤 꽃을 사용해도 아름다운 화관을 만들 수 있으니 당신의 창의력을 충분히 발휘해보자.

화관은 꽃의 선택뿐만 아니라 꽃의 구성을 고려하는 것도 중요하다. 큰 꽃을 먼저 배치하고 작은 꽃을 끼워 넣거나 전체적으로 비슷한 크기로만 구성할 수 있다. 특히 꽃을 측면에 배치하는 것은 이마 정중앙에 배치하는 것과 확연히 다른 느낌을 준다. 나는 주로 꽃을 관자놀이에서 관자놀이로, 귀에서 귀로, 또는 한쪽에 치우치도록 배치한다. 하지만 이것은 나의 취향일 뿐 여러분은 여러분의 취향대로 만들면 된다.

237페이지의 갈색 종이로 싸인 철사 토대는 대부분의 화관에 적합하다. 페이퍼 플라워는 얇고 구부리기 쉬운 철사를 사용하는 것이 좋다. 꽃의 정면이 보이도록 붙이고, 화관 토대에 줄기를 단단히 감은 후 남은 철사를 잘라낸다. 화관을 만들 때는 수시로 머리에 써보고 거울을 통해 보완점을 찾는 것이 중요하다. 혹은 친구에게 도움을 요청해 전체적으로 빈 부분이 없는지, 줄기 연결 부위가 보이지는 않는지 확인하는 것이 좋다. 문제점이 발생하면 꽃을 재배치하거나 빈 부분을 메운다. 꽃이 더해질수록 화관 둘레가 줄어들기 때문에 뒤쪽 걸쇠로 둘레를 조절한다. 꽃을 모두 부착하면 글루건으로 고정한다. 완성도를 조금 더 높이고 싶다면 꼬아놓은 꽃줄기와 꽃을 모두 붙인 뒤 글루건으로 고정시킨다. 조금 더 완성도를 높이기 위해서는 꼬아놓은 꽃줄기 사이에 예쁜 리본을 감아 글루건으로 고정한 후 리본 끝부분을 길게 늘어뜨려 로맨틱함을 표현한다.

여기서 몇 가지 화관을 장식하는 방법을 소개한다.

웨딩 화관
웨딩 화관은 이 책에 나오는 어느 꽃이든 사용해 만들 수 있다. 다만 꽃의 색은 흰색이어야 한다. 장미와 미나리아재비와 함께 꾸민 흰색 민들레나 나팔꽃은 어떨까? 흰색으로 꾸며진 어떤 꽃이든 웨딩 화관으로 어울릴 것이다. 당신의 상상력을 발휘해보자.

코스모스 화관
관자놀이 한쪽에 코스모스를 취향대로 여러 송이 달고 잎과 줄기가 자연스럽게 늘어지도록 화관 토대에 부착한다. 화관 전체에 꽃을 다는 것이 아니라 한쪽에만 꽃을 달아 여백의 미를 완성하는 것이 포인트다. 잎과 줄기는 자연스럽게 늘어지게 해 우아미를 표현한다.

마성의 화관
가끔은 아름다운 것을 멀리하고 재미있는 화관도 만들어보자. 달리아, 장미, 카네이션과 같이 여러 종류의 꽃을 검정색 주름지로 만들어 섬뜩함이 들 정도로 오싹한 화관을 만드는 것은 어떨까? 꽃을 한쪽 귀에서 반대편 귀까지 붙이고, 꽃 뒤에 검정 그물이 달려 있는 베일을 붙여 얼굴을 덮으면 마성의 미를 표현할 수 있다.

월계관
이 책에 있는 모든 잎을 사용하여 월계관을 만들 수 있다. 입체감을 살려 평평하게 혹은 바깥쪽으로 기울여 토대를 잎으로 덮는다. 이때 시작이나 끝부분은 잎을 여러 개 겹쳐 눈에 띄지 않도록 한다.

부겐빌레아 브릿지
부겐빌레아로 꽃과 꽃 사이를 연결해 좀 더 풍부한 질감을 표현한다. 꽃과 꽃 사이에 여백이 있다면 부겐빌레아로 채워주면 아름다운 화관을 만들 수 있다. 부겐빌레아 꽃봉오리와 포엽이 작기 때문에 눈에 띄도록 배치하는 것이 좋다.

패시네이터

이번에는 2종류의 정교한 헤어 액세서리를 만들 것이다. 큰 꽃 한 송이가 달린 것과 눈물방울 모양의 꽃이 달린 패시네이터를 만들 것이다. 모두 귀 뒤에 착용한다.

홑꽃 패시네이터
이 패시네이터는 기존의 머리 장신구를 만드는 것과는 다른 방식으로 만들 것이다. 다른 장신구는 꽃을 먼저 완성한 후 토대에 붙였는데 이것은 토대 위에서 바로 꽃을 만들 것이다. 이 종류의 패시네이터를 만들기 가장 좋은 꽃은 161페이지에 나와 있는 달리아인데, 237페이지의 원형 패시네이터 토대에 붙이기 위해 약간 변형시켰다.

꽃잎과 매치되도록 주름지로 토대를 감아준다. 그런 후에 높이 약 3.2cm, 길이 약 30cm의 얇게 꼬아 만든 수술을 토대 상단 중앙에 붙여 꽃의 중심이 되도록 한다. 161페이지의 달리아 만드는 방법을 참조하면서 꽃 모양을 만들고 꽃잎 받침대를 뒤로 더 구부려서 줄기 대신 수평 면에 붙이기에 적합하게 만든다. 중심에서 가장자리까지 바깥쪽의 구부러진 꽃잎을 아래에 깊숙이 밀어넣는다. 바깥쪽 꽃잎이 아래로 향하는 각도로 토대에 고정하고 필요에 따라 꽃잎을 추가해 토대를 완전히 가린다.

49페이지의 일본식 모란과 177페이지 모란도 비슷한 방식으로 만들 수 있다. 일본식 모란은 꽃이 풍성해 보이도록 꽃잎 한두 줄이 더 필요할 수 있다.

눈물방울 모양 패시네이터

지금부터 만들 2종류의 눈물방울 모양 패시네이터는 237페이지에 설명하는 토대를 사용한다. 이때 명심해야 할 것은 꽃이 완전히 고정된 후에 펠트 안감과 헤드밴드를 꽃의 아랫부분에 붙여야 한다는 것이다.

평평한 배치

부겐빌레아, 작은 양귀비, 코스모스, 민들레, 백일홍과 같이 평평하거나 비교적 작은 꽃을 사용한다. 눈물방울 토대에 꽃이 놓일 곳을 결정한 다음, 가위를 사용하여 줄기나 꽃받침 크기로 각각의 위치에 구멍을 뚫는다. 구멍을 통해 꽃을 꿰고 겹치면서 꽃들이 서로 맞물리게 한다. 꽃의 일부가 밑면에 걸리지 않도록 가장자리를 부드럽게 매만진다. 토대 뒷면에 글루건으로 꽃을 붙이고, 필요한 경우 철사 줄기로 묶고 남은 부분은 잘라낸다. 화관처럼 얇은 와이어를 사용하면 꽃을 토대에 붙이기가 쉽지만 꼭 그렇게 할 필요는 없다.

풍성하게 늘어진 유칼립투스

더티화이트나 핫핑크 색의 유칼리투스처럼 아래로 늘어뜨렸을 때 멋진 이미지를 내뿜는 꽃들은 눈물방울 모양 패시네이터 토대에 붙이면 더 극적인 연출을 할 수 있다. 135페이지를 참조해 길이 약 15~20cm 줄기로 만든 10~20개의 유칼립투스 다발을 사용하여 거대한 지그재그 모양의 술을 만든다. 작업대 위에 다발을 계단식으로 나열하고 아래로 갈수록 풍성하게 배치한다. 이때 토대의 튀어나온 부분은 가려준다. 꽃송이 다발 상단 바로 뒤로 줄기 철사를 감아 단단히 고정하고 줄기 끝부분을 감긴 쪽으로 접는다. 꽃송이가 머리와 얼굴 어느 면에 가장 잘 어울리는지 결정한 다음 접힌 줄기를 눈물방울 위로 한 쪽, 또는 다른 쪽 끝으로 밀어넣고 유칼립투스 다발의 위치를 조정한다. 줄기를 구부린 후 헤드밴드가 지나갈 토대의 중심선을 피해서 여분의 철사를 자르고 토대의 밑 부분은 글루건으로 단단히 고정한다.

헤드드레스

몇 년 전 결혼식을 준비 중인 예비 신부를 만난 적이 있었다. 그녀는 나에게 헤드드레스를 만들어달라고 부탁했다. 그 제안에 나는 온갖 종류의 이미지를 떠올려봤지만 쉽지가 않았다. 예비 신부는 결혼식 날 바람이 불어도 흐트러지지 않는, 풍성한 꽃이 뾰족하게 솟아 있는 모양의 헤드드레스를 원했다.

나는 5송이의 달리아와 6송이의 카네이션 그리고 40여 송이의 부겐빌레아로 헤드드레스를 만들었고 그녀를 만족시켰다. 헤드드레스의 색은 결혼식에 맞춰 모두 흰색이었다. 신부는 헤드드레스 뒤쪽에 베일을 붙이고 신부 들러리는 부겐빌레아 송이를 머리에 꽂았다. 그 헤드드레스는 신부와 완벽하게 어우러져 주위를 눈부시게 만들었다. 일 년 후 샌프란시스코의 드영박물관에서 일하면서 난 이 헤드드레스를 전시했고, 관객들은 열광했다.

다음 239페이지는 헤드드레스 토대에 자연의 디자인을 어떻게 구성하는지에 관한 팁이다. 더불어 싱싱하게 보이는 꽃이라면 어느 것이라도 헤드드레스에 사용이 가능하다. 당신이 원하는 꽃으로 아름다운 헤드드레스를 만들어보자.

헤드드레스용 꽃을 준비할 때는 밑에는 가장 싱싱한 꽃을 사용하고, 둘레가 없는 단층 꽃은 피해야 한다. 금잔화, 달리아, 카네이션 그리고 폼폼스가 좋은 선택이 될 수 있다. 이 꽃의 대부분은 두꺼운 철사 위에 놓여야 하므로, 가능하면 두 겹으로 겹친 천으로 덮은 24게이지 줄기 철사를 더 두꺼운 줄기 옆에 있는 꽃의 중앙에 단단히 고정시킨 상태에서 추가한다. 꽃이 완성되면, 두꺼운 줄기 철사를 잘라내고 얇은 철사를 사용하여 꽃을 헤드드레스 토대에 고정시킨다. 꽃의 뒷부분을 가능한 한 평평하게 유지하면 꽃을 붙이기가 더 쉽다.

헤드드레스를 조립하기 전에 꽃을 늘어놓고 그들이 어떻게 서로 얽히는지와 외형 및 색상 구성을 살핀다. 나는 중앙에 꽃 하나를 놓는 것보단 2송이를 나란히 놓는 것을 선호한다. 꽃으로 밑면의 가장자리 앞쪽을 완전히 덮도록 부착한 후 줄기 철사를 시나메이 천과 눈물방울의 철사 모서리에 끼우고 단단히 감싼다. 줄기를 쉽게 감쌀 수 있도록 밑 부분의 앞면과 뒷면을 따라 시나메이 천의 작은 조각을 잘라내고, 글루건을 사용해 꽃을 제자리에 안정적으로 고정시킨다. 작업 내내 헤드드레스를 자주 착용하여 사이즈와 디자인을 확인한다. 로맨틱한 느낌을 주기 위해 귀 뒤 철사에도 꽃을 부착한다.

꽃을 위로 쌓을수록 뒤쪽을 더 많이 덮어야 한다. 부겐빌레아는 뒷면을 덮을 때 굉장히 유용하다. 포엽 뒷면에 철사를 덧대면 더 잘 구부러지고 조절이 쉬워 꽃과 꽃 사이를 수월하게 덮을 수 있다.

헤드드레스를 마무리할 때 정면에서 안쪽의 정리되지 않은 부분이 보이지 않도록 잘 매만진다. 나는 꽃이나 철사 안쪽의 엉킴에 안감을 덧대지 않고 그대로 놔두는 것을 선호한다. 그 이유는 무게 때문이다. 가벼워야 머리에 썼을 때 안정적이다. 꽃잎의 모양을 보존하기 위해 헤드드레스를 거꾸로 달아놓거나 마네킹 머리 위에 놓아둔다.

머리 장신구 토대

여기서 제안하는 4개의 토대는 놀라울 정도로 다양한 종류의 머리 장신구를 만들 수 있다. 각각 어린이 및 성인 머리 크기에 맞게 조절할 수 있다. 여성용 모자 토대, 모자용 고무줄 및 머리 고무줄의 구입처는 24페이지에 나와 있다.

글루건과 심

갈색 종이로 감싼
18게이지 줄기 철사
(길이 약 45cm) 2조각

화관 토대

화관의 경우 각 줄기 철사의 한쪽 끝을 약 5cm 정도 접는다. 철사 자체의 끝부분을 맞물리고 3번 꼬아서 서로 맞물린 고리 2개를 만든다. 맞물린 부분을 이마 아래 3분의 1 정도 지점에서 길게 잡고, 꽃을 붙여 철사를 숨길 지점에 놓는다. 철사로 머리를 한 바퀴 두르고 철사를 서로 접어서 화관에 딱 맞게 조절하되 너무 조이지 않게 한다. 머리에서 철사를 거둔 뒤, 한쪽 끝을 단단한 고리로 꼬아 뒤쪽에 조절 가능한 걸쇠를 만들고, 다른 한 쪽은 고리로 만든 뒤 남은 철사를 잘라낸다. 느슨한 후크 끝부분을 밑으로 밀어넣어 숨긴다.

글루건과 심

약 9cm 지름의
원형 골판지

꽃과 어울리는 색의 주름지

펠트

모자 고무 밴드

원형 패시네이터 토대

원형 패시네이터 토대의 경우 1송이의 꽃을 토대 위에 바로 붙일 수 있고, 가장자리에서 원형 판지 중심까지 틈을 자른 후, 틈새 약 0.6cm 가장자리를 겹쳐서 글루건으로 고정시킬 수 있다. 글루건을 사용해 아래쪽 약 2cm 주위에 감싼 채, 꽃과 어울리는 색의 주름지로 토대의 볼록한 윗면을 덮는다. 테두리로부터 약 0.6cm 지점에 펠트 가장자리를 고정시킨 상태로 원하는 색상의 원형 펠트를 사용하여 토대의 아랫부분을 감싼다. 테두리에서부터 약 0.6cm 지점에 서로 마주보는 2개의 작은 구멍을 토대의 밑면에 만든다. 모자 고무줄 양쪽 끝부분에 있는 얇은 금속 못을 구멍의 아랫부분에서부터 삽입하고, 못이 원형 토대의 맨 위에 평평하게 위치하도록 한다. 꽃으로 못을 숨긴다.

화관 토대  | 원형 패시네이터 토대

눈물방울 모양 패시네이터 토대 | 헤드드레스 토대

글루건과 심
높이 약 10cm, 길이 약 18cm
눈물방울 모양
시너메이 패시네이터
토대 2개
꽃과 어울리는 색의 주름지
펠트
천으로 싸인 머리 고무줄

눈물방울 모양 패시네이터 토대

만약 여러분이 이 눈물방울 모양 패시네이터에 가벼운 무언가를 더할 계획이라면, 원형 패시네이터 토대에 대한 설명을 수정하여 상단과 하단을 덮고 모자용 고무줄을 붙일 수 있다. 나는 주로 무거운 꽃송이를 부착할 때 이 토대를 사용하기 때문에, 그 꽃을 머리 위에 고정시키기 위해 더 튼튼한 고무줄 헤드밴드를 사용한다. 글루건을 사용해 꽃과 어울리는 색의 주름지로 토대의 볼록한 윗면을 덮는다. 작업하는 동안 글루건 접착제가 시너메이 천 사이로 배어 나오는 것에 주의하자. 꽃을 부착한 후 펠트 안감과 헤드밴드를 밑면에 붙여 꽃에 사용된 줄기 철사가 보이지 않도록 가려준다. 원하는 색상의 펠트로 약 0.6cm 크기의 작은 눈물방울 모양을 자른다. 펠트 모양의 중앙 부분을 사용하여 눈물방울 모양 토대의 오목한 쪽 중앙에 10원짜리 동전 크기만큼 글루건을 짜서 헤드밴드의 한 지점을 붙여 단단히 고정시킨다. 헤드밴드를 토대에 부착하는 유일한 부분이다. 헤드밴드의 나머지 부분은 자유롭게 늘일 수 있도록 한다. 헤드밴드의 한쪽 면에 글루건을 발라 펠트의 나머지 부분을 부착하고, 헤드밴드가 머리에 닿는 부분에는 접착제를 사용하지 않도록 한다.

글루건과 심
너비 약 10cm, 길이 약 18cm
눈물방울 모양 시너메이
패시네이터 토대 2개
(다른 길쭉한 모양과
사이즈의 토대도 사용 가능)
두꺼운 바늘과
눈물방울 모양 토대와
어울리는 색상의 자수사
녹색 천으로 감싼
16게이지 줄기 철사

헤드드레스 토대

이 단순한 토대는 더 많은 큰 꽃을 사용하여 거대한 장식이 될 헤드드레스의 틀 역할을 한다. 눈물방울 모양 토대 2개의 둥근 가장자리 중심을 자수사로 단단히 꿰맨다. 눈물방울 모양 토대 하나의 뾰족한 끝부분을 통해 줄기 철사의 끝부분을 찔러 넣고, 아래로 약 3cm 구부린 후 펜치로 철사를 구부린다. 헤어라인 바로 위에 2개의 눈물방울 모양 토대를 놓고, 머리의 아랫부분을 철사로 감싸 구부린 후, 다른 눈물방울 토대의 뾰족한 끝부분까지 철사를 끌어올려 토대를 관통하여 뚫은 다음 약 5cm만 남기고 잘라낸다. 그리고 철사를 구부려 조절 가능한 고리를 만든다.

CHAPTER 5

giant paper flowers
대형 페이퍼 플라워

대형 페이퍼 플라워에 대하여

대형 페이퍼 플라워는 기존의 크기에서 좀 더 거대하게 만드는 것뿐이다. 만드는 방법은 같으나 크기가 다르기 때문에 힘들 수 있다. 내가 만드는 대형 페이퍼 플라워는 피냐타 piñata에서 시작되었다. 피냐타는 아이들이 파티 때 눈을 가리고 막대기로 쳐서 넘어뜨리는 장난감과 사탕이 가득 든 통이다. 난 거대한 핑크의 솜털 같은 꽃 피냐타를 만들어서 거꾸로 매달고 사탕으로 채운 뒤 두드려 깨고 싶었다. 하지만 만들고 나니 너무 예뻐서 막대기로 두드려 깰 수 없었다.

나는 종이 반죽, 즉 파피에 마세 papier-mâché 아래에 가장 두껍고 내구성이 강한 금속 라텍스 풍선을 사용했다. 밀가루와 물을 넣은 반죽에 티트리 오일을 약간 섞으면 냄새는 나아지지만 이것은 여러분의 선택 사항이다. 오일과 라텍스가 직접 접촉하면 라텍스가 분해되어 풍선이 터질 수도 있기 때문에 잘 섞어야 한다. 한 번에 여러 종이 반죽을 만드는 것을 추천하는데, 작업 도중에 풍선이 터지거나 바람이 빠지는 일이 빈번하기 때문이다. 종이 반죽 토대를 만들고 각 층이 완전히 건조된 후 다음 단계로 넘어갈 수 있을 때까지 3~4일의 시간을 두어야 한다.

이 장에선 토대를 만드는 방법, 지름 약 66cm의 대형 페이퍼 모란을 위한 방법 및 꽃잎 도안이 포함되어 있다. 그것뿐만 아니라 다른 꽃에 접목시키기 위한 몇 가지 제안도 있다. 이 거대한 꽃을 결혼식 혹은 파티 또는 이벤트에 활용해보자. 물론 아름다운 예술 작품으로 승화시켜도 좋다.

나는 대형 페이퍼 플라워에 대한 생각을 끝도 없이 이야기할 수 있지만 여기선 짧게 마무리하는 것이 좋을 것 같다. 하지만 이것만은 전하고 싶다. 꽃은 향기와 아름다움으로 우리를 유혹한다. 그리고 그 감흥을 전파하게 만든다. 꽃은 땅 위든 꽃병 안이든 상관없이 모두 역동적이며 계절과 날의 변화를 보여준다. 그리고 사람은 그것에서 영감과 에너지를 주고받는다. 특히 대형 페이퍼 플라워는 사람들에게 이야기를 끌어낸다. 나는 페이퍼 플라워 공예가로 활동하는 내내 이런 일들을 반복적으로 경험했다. 실제보다 큰 꽃들을 보며 사람들은 자신만의 추억을 떠올리면서 꽃과 대화를 나눈다. 이것은 진정 아름다운 경험이 될 것이다. 아마 대형 페이퍼 플라워를 만들면서, 그것을 보면서 당신도 이 경험을 할 수 있을 것이다.

파피에 마세 토대

신문지
큰 금속 또는 유리 그릇
밀가루 3~5컵
티트리 오일(선택 사항)
약 30cm 금색 또는
은색 금속 라텍스 풍선
소쿠리 또는 작은 그릇
끈
압정(푸시핀)
자수사
줄자
마커
작토(X-Acto) 나이프
굵은 바늘
180그램 #600
흰색 주름지(선택 사항)
소형 또는 대형
사진 걸이 또는
몽키 후크 (선택 사항)
십자드라이버
(선택 사항)
액자용 철사
(선택 사항)

1 신문지를 약 1.25~5cm 너비로 찢는다. 금속 또는 유리 그릇에 밀가루와 찬물 1컵을 붓고 아주 묽은 팬케이크 반죽처럼 될 때까지 손으로 섞는다. 티트리 오일을 사용하는 경우 5~6방울을 넣어준다. 금속 라텍스 풍선을 최대한 크게 불어 신문지 조각을 붙일 때 움직이지 않도록 소쿠리나 사발 가장자리에 걸쳐놓는다.

신문지 조각을 밀가루 반죽에 담궈 풍선 위에 올려놓고 잘 펼친다. 풍선 주위를 돌아가며 무작위로 신문지 조각을 겹쳐 바른다. 신문지가 뭉치지 않도록 잘 펼치고 밀가루풀이 진할 경우 밀가루 반죽에 물을 더해 농도를 조절한다. 풍선을 완전히 덮으면 끝부분에 줄을 매달아 열원이나 난로를 피해 24시간 동안 말린다. 건조 후에 새로운 종이 반죽 층으로 덮고, 그 다음 24시간 후에 마지막 세 번째 층으로 덮는다. 마지막 층이 완전히 건조될 때까지 기다렸다가 2단계를 진행한다.

2 이제는 둥근 풍선을 자를 차례다. 둥근 부분을 균일하게 자르려면 먼저 그 부분의 중심에 압정을 박고 약 30cm 길이의 자수사를 압정 머리 아래에 묶는다. 압정에서 약 12.5cm 거리를 두고 마커로 수평선 형태로 점을 찍는다. 필요한 경우 풍선 둘레에 완벽한 수평선이 생길 때까지 압정을 재배치한다. 가위 또는 작토 나이프로 라인을 따라 자르고 바람 빠진 풍선을 제거한다. 절단된 둥근 부분은 그릇 모양이 되도록 뒤집는다. 자수실과 굵은 바늘로 둘레를 감싸며 꿰매고 글루건으로 바늘땀과 가장자리를 덮는다.

3 바느질한 상단의 가장자리로부터 약 15cm 떨어진 모든 둘레에 마커로 점을 찍는다. 점을 연결한 선을 따라 뾰족한 끝부분을 잘라낸다. 여분의 파피에 마세를 약 4~5cm 높이의 조각으로 자르고 보강을 위해 토대의 바닥 가장자리에 글루건으로 붙인다. 잘 마무리된 모습을 원한다면 180그램 #600 흰색 주름지를 늘려서 안을 붙여준다.

4 이 토대를 벽에 매달려면 뒷면 가장자리에 약 45kg까지 매달릴 수 있는 고리를 껴 넣는다. 천장이나 벽면에 매달 꽃을 위해 여분의 안전장치를 준비하려면 뒷면 가장자리 위에 약 22cm씩 떨어진 3개의 구멍을 뚫은 다음 각 구멍 오른쪽에 약 5.5~6cm 떨어진 두 번째 구멍을 뚫는다. 3개의 구멍에 액자용 철사를 넣고 팽팽하게 묶어준다. 안쪽 철사를 고리로 만들거나 추가 안전장치를 위해 큰 고리 안에 철사가 들어가도록 매듭을 짓는다.

1

2

대형 모란

글루건과 심
(100~200개
미니 실리콘 스틱)

180그램 #548
담홍색 주름지 한 롤

180그램 #569
연분홍색 주름지 8~9롤

파피에 마세 토대
(244페이지 참조)

1 180그램 #569 연분홍색 주름지에서 254페이지 도안 GPP1에 맞춰 꽃잎 9장과 180그램 #548 담홍색 주름지에서 3장을 자른다. 5단계에서 사용할 작은 크기의 GPP6와 GPP7 꽃잎을 위해 남은 종이를 모아 둔다. 꽃잎의 갈라진 부분 양옆의 윗부분을 늘려 평평하게 만든다. 종이를 균일하게 늘리려면 위에서 아래로 밀어주는 것이 좋다. 위쪽 모서리가 너무 넓어지거나 각지면 둥글게 조금 자른다. 꽃잎 중앙 부분을 가볍게 커핑하고 중심선을 따라 뒤로 접어 주름을 만들어 날개처럼 펄럭이게 만든다. 꽃잎 뒷부분 주름의 갈라진 부분 바로 밑에서부터 밑동까지 글루건으로 얇게 발라주고 글루건 라인을 둘러싸면서 구긴다. 남은 11장의 꽃잎도 이와 같은 과정으로 매만진다. 파피에 마세에 꽃잎을 붙이기 전 꽃잎 3장의 높이를 체크하고 꽃잎 상단부가 파피에 마세 토대 바닥부터 약 29cm 정도의 높이에 위치하도록 꽃잎 밑 부분을 구부려 높이를 조정한다. 좀 더 오목한 중심부를 원한다면 꽃잎을 구부리는데 2단계 마지막에 약 29cm까지 올라오도록 서서히 조정한다. 꽃잎 3장의 구부러진 밑면을 파피에 마세 가운데에 붙인다.

2 나머지 GPP1 꽃잎 9장을 꽃 중앙에 있는 3장 꽃잎 가까이에 수직을 유지하며 붙인다. 그중 몇 장은 다른 꽃잎보다 약 2.5cm 위에 붙인다. 최대한 자연스럽게 꽃잎 사이에 껴 넣어야 한다.

꽃의 가장자리를 연분홍색 주름지에서 높이 약 3.8cm 크기의 띠로 잘라 감싸준다. 그런 후에 같은 주름지에서 254페이지 도안 GPP1 15장을 자르고 255페이지 도안 GPP2에 맞춰 연분홍색 주름지에서 26장(각4장씩, 나머지는 담홍색 주름지에서을 자른다. 1단계에서 GPP1 꽃잎을 다듬은 것처럼 커핑하고 접은 뒤 모은다. GPP2 꽃잎은 다소 깊게 커핑하고, 밑단의 한쪽 면을 다른 면과 겹치게 해 앞면과 뒷면 주름을 글루건으로 라인을 잡은 뒤 고정하여 모은다. GPP2 26장의 꽃잎 중 13장을 느슨하게 겹치면서 붙인다. 단면의 GPP1 꽃잎을 약간 위아래로 움직인다. 커핑한 GPP2 꽃잎 쌍은 밑단에서 구부려 파피에 마세 토대 아래에서 위로 붙인다. 이때 GPP2 꽃잎이 GPP1 꽃잎을 약 1.25~2.5cm 정도 위에서 감싸도록 한다. 꽃잎은 약간 뒤죽박죽 배치해야 하며 몇 개의 중첩된 세트가 바로 뒤에 겹쳐지도록 배치해야 한다. 꽃잎 일부는 측면으로 다른 일부는 중심을 향하도록 매만진다. 꽃잎 둘레가 완벽한 원형이 아니어도 된다. 꽃잎 배치 때문에 토대에 떠 있는 꽃잎은 글루건으로 고정시킨다.

3 연분홍색 주름지에서 GPP1 꽃잎 4장, GPP2 꽃잎 14장을 자른다. 이때 GPP2 꽃잎 상단은 깊이 약 2cm, 너비 약 0.6cm의 둥근 V자로 자르고, 손가락으로 꽃잎 상단을 뒤쪽으로 약간 구부리고 2단계에서 꽃잎을 손질한 것처럼 매만진 후 꽃잎이 똑바로 앉도록 토대 안쪽 면에 조심스럽게 붙인다. GPP1 꽃잎으로 토대가 보이는 틈이나 공간을 메꾸고, GPP2 꽃잎을 조금 끼워 넣어 내부 꽃잎을 감싼다.

4 연분홍색 주름지로 256~257페이지 도안 GPP3 8장, GPP4 20장, GPP5 4장을 자른다. GPP3 꽃잎 2장을 늘리고 접어 GPP1 꽃잎과 비슷하게 모은 후, 나머지 6장의 꽃잎 위쪽을 뒷면에서부터 늘려 조금 뒤쪽으로 구부린 다음 앞면에서 커핑한다. 꽃잎 2장을 모아 볼록한 면을 구긴 다음 부드럽게 매만진다. GPP4 꽃잎을 커핑한 후 길이 약 1.9cm, 너비 약 0.6cm의 V자로 잘라낸 후 그중 5장의 뒷면을 구긴다. GPP4 꽃잎 중 V자로 자르지 않은 꽃잎 두세 장은 주름을 잡아 상단에 모아서 붙여 조금 더 둥글고 오목한 모양으로 만들어준다. 4장의 벙어리장갑 모양 GPP5 꽃잎의 넓은 부분은 중앙에서 커핑해주고, 좁은 부분은 뒷면 상단에서 가볍게 커핑하고 뒤로 구부린다.

모든 GPP3와 GPP4 꽃잎의 상단 가장자리는 손가락으로 아주 미세하게 뒤로 구부려 앞과 뒷면 모두 글루건으로 고정해 꽃잎 하단부를 모은다. 깊이 커핑된 GPP4 꽃잎으로 얕게 커핑되었거나 구겨진 GPP3, GPP4 꽃잎 뒤에 배치해 꽃잎 세트를 만든다. 이때 꽃 둘레에 붙이거나 서로 겹쳐지게 끼워 넣는 것이 좋다. 그 다음 열린 컵 모양의 GPP3와 GPP5 꽃잎을 빈틈이 있는 곳에 채워 넣는다.

이 단계의 꽃잎은 내부 꽃잎보다 약간 위에 있거나 가능하면 꽃잎을 덮어야 한다. 이들은 벽에서 가장 멀리 돌출할 꽃잎이다. 최상의 꽃 비율을 위해서 거리를 파피에 마쉐 토대 바닥에서부터 약 33cm로 제한해야 한다. 그리고 꽃받침 사이에 작은 틈만 보이도록 꽃잎을 **빽빽하게** 붙인다. 이 단계의 끝 꽃의 직경은 약 38cm가 되도록 한다.

3

4

5

6

5 나는 이 단계를 가장 좋아한다. 왜냐하면 진정한 모란 형태를 갖추기 때문이다. 연분홍색 주름지에서 254~255페이지 도안 GPP6과 GPP7에 맞춰 꽃잎 각 50장을 자른다. 아마 20장 정도 더 필요할지도 모르지만 우선 이것으로 시작해보자. 먼저 1~4단계에서 남은 종이 조각에서 잘라준 뒤 모자르면 새 주름지를 활용한다. 주름지를 2~4겹으로 접어 자르면 시간을 절약할 수 있다. GPP6 꽃잎의 가장 큰 부분을 커핑하고 상단 가장자리를 가볍게 펴고 조금 넓혀 뒤로 구부린다. 그런 다음 바깥쪽 둥근 부분 또는 연분홍색 부분을 엄지손가락을 이용해 뒤에서 커핑한다. GPP7 꽃잎도 동일한 방법을 따르되 연분홍 상단 모서리를 가볍게 늘려 뒤로 구부린다.

꽃잎 하단부의 약 0.6~0.8cm 정도 모아 글루건을 이용해 고정한 뒤 각각 다른 종류의 다발로 모양을 잡는다. 우선 3장에서 8장의 꽃잎을 모아 글루건으로 하단부를 모아 고정하고 아래쪽에 붙은 꽃잎이 그 위에 붙은 꽃잎보다 약 2cm 정도 더 튀어나오도록 한다. 이 꽃잎 송이로 토대 둘레에 있는 큰 꽃잎 사이의 빈 공간을 채운다. 일부 꽃잎 송이는 토대로부터 약 15cm 정도 수평으로 뻗어나가야 하고, 다른 송이는 큰 꽃잎보다 약 5cm 아래로 향해야 한다. 이 송이는 일정한 원형으로 둘러싸지 않아도 된다. 균형이 이뤄진다면 공백을 남기는 것도 괜찮다. 바깥이나 위로 뻗어나가는 꽃잎을 부착할 곳이 필요하다면 4장 정도의 꽃잎 송이를 하단부에 가깝게 끼워 넣은 다음 그것을 받침으로 사용하여 더 길게 나타나는 다른 꽃잎을 연결한다. 꽃이 균형을 이루고 꽃잎 사이의 간격이 채워질 때까지 꽃잎 송이를 계속 추가한다.

6단계로 진행하기 전에 토대 바깥쪽에 담홍색 주름지를 두른다.

6 연분홍색 주름지로 256페이지 도안 GPP3에 맞춰 꽃잎 30장을 더 자른다. V의 양면과 각 꽃잎의 중심을 커핑한다. 그중 10장의 꽃잎 상단 가장자리를 펼치고 손가락을 사용하여 뒤로 약간 구부린다. 다른 10장의 꽃잎을 펼쳐 평평하게 접고 1단계처럼 주름을 만들어 뒤로 붙인다. 꽃잎 아랫부분의 한쪽 면을 다른 면과 겹쳐 앞과 뒷면 모두 글루건으로 고정하면서 꽃잎 30장의 하단부를 전부 모은다. 꽃잎을 5단계의 작은 꽃잎 사이와 아래쪽에 놓고 하단부를 뒤로 구부린 다음 각각을 하단부로부터 약 16~19cm 정도 튀어나오게 붙인다. 꽃잎으로 빈 부분을 채우고, 접힌 부분을 안쪽으로 하고 접어둔 꽃잎을 위쪽으로 향하게 하면서 위쪽 꽃잎과 작은 꽃잎 송이 사이의 전환을 부드럽게 한다. 이 꽃잎 중 가장 낮은 것은 수평으로 돌출하도록 하고, 끝만 중력으로 자연스럽게 떨어지도록 한다.

7 연분홍색 주름지에서 257페이지 도안 GPP8에 맞춰 꽃잎 50장을 자른다. 꽃잎 약 20장 정도가 더 필요할 수도 있다. V의 양면과 각 꽃잎의 중심을 커핑한다. 상단 가장자리 한쪽이나 양쪽 모두 펼쳐서 약간 납작하게 만들거나 뒤로 살짝 굽어지도록 한다. 그러나 꽃잎 대부분은 위쪽으로 커핑해야 하고 꽃 양쪽의 일부만 아래를 향하여 빈 곳을 채우도록 한다.

꽃잎 하단 약 2.5cm를 접고, 그 부분의 중심 약 0.6cm에 주름을 잡아 글루건으로 고정한다. 이것은 꽃잎을 뻣뻣하게 하고 커핑된 부분을 보강하는 데 도움이 된다. 이 꽃잎들의 접힌 부분을 글루건으로 고정하고 서로 약 2~2.5cm만큼 수직으로 떨어뜨려 무작위로 겹쳐지도록 한다. 그러나 꽃잎을 순서대로 나열만 해서는 안 된다. 꽃잎은 꽃으로부터 수평으로 튀어나와야 한다. 만약 꽃잎 하단부를 너무 가까이 모아놓으면 꽃잎이 늘어지거나 제자리에 고정되지 않아 2배나 많은 꽃잎을 추가해야 한다. 하단 꽃잎은 토대 가장자리에서 약 2.5~5cm 정도 떨어져 있어야 하며 평평한 표면에 놓여 있을 때 토대가 가려지도록 꽃잎을 겹쳐 엇갈리게 배치한다.

8 이 모란은 여러 가지 방법으로 변형시킬 수 있다. 2장에 나오는 모란의 보호 꽃잎을 만들어 하단에 더할 수도 있다. 1~2단계에서 꽃잎 몇 장을 제거하고, 그 대신에 토대를 대형 수술로 채울 수도 있다. 평평한 꽃잎을 줄이고, 커핑된 꽃잎을 더 많이 넣거나 작은 GPP6와 GPP7 꽃잎 대신에 GPP3와 GPP4 꽃잎을 사용해 색다른 모습을 연출해도 좋다. 좀 더 연습을 하면 금잔화와 국화 그리고 카네이션과 장미를 이용해 더 아름다운 대형 페이퍼 플라워를 만들 수 있을 것이다. 당신의 창의력을 발휘해 아름다움을 발산해보자.

7

8

도안 및 가이드

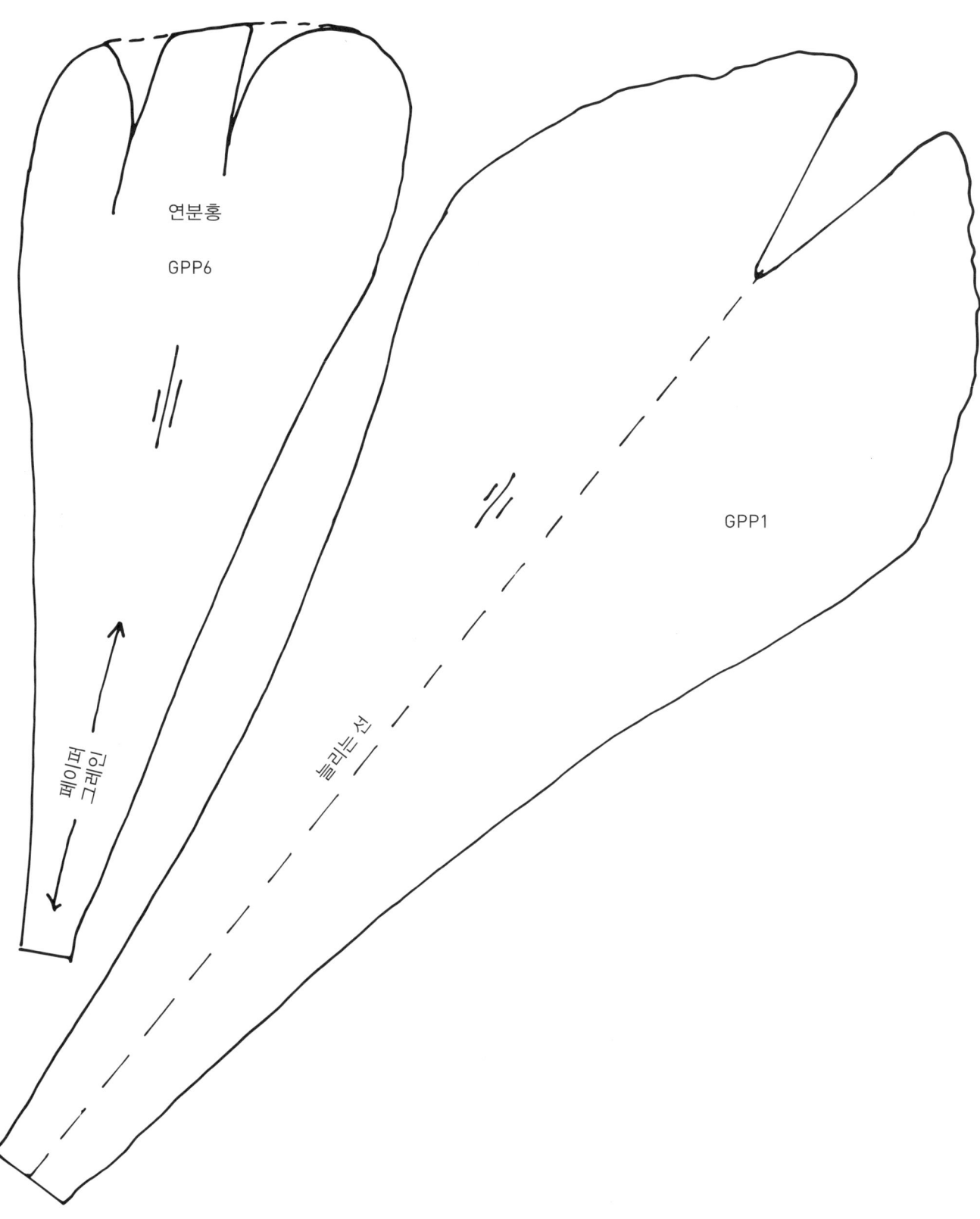

254

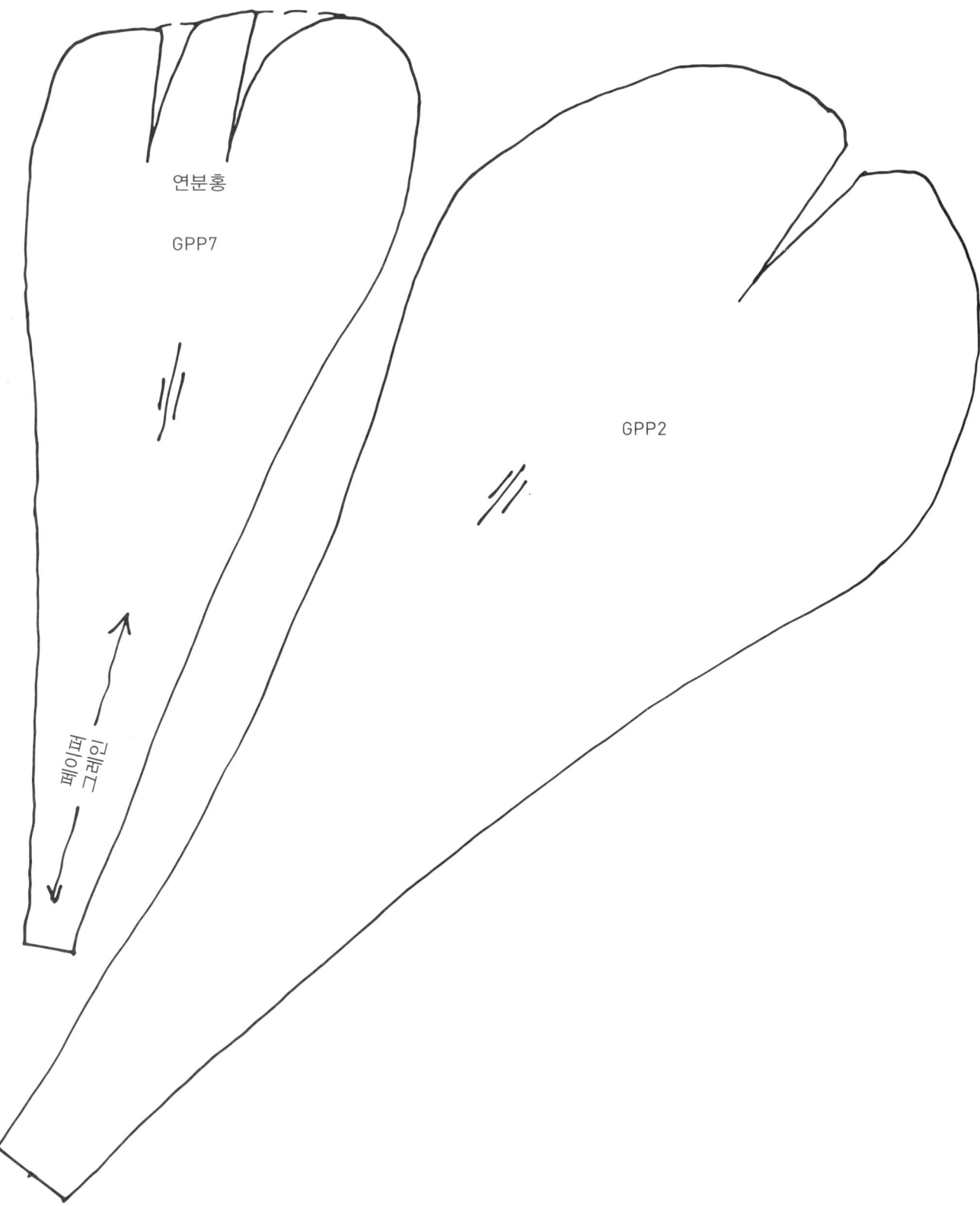

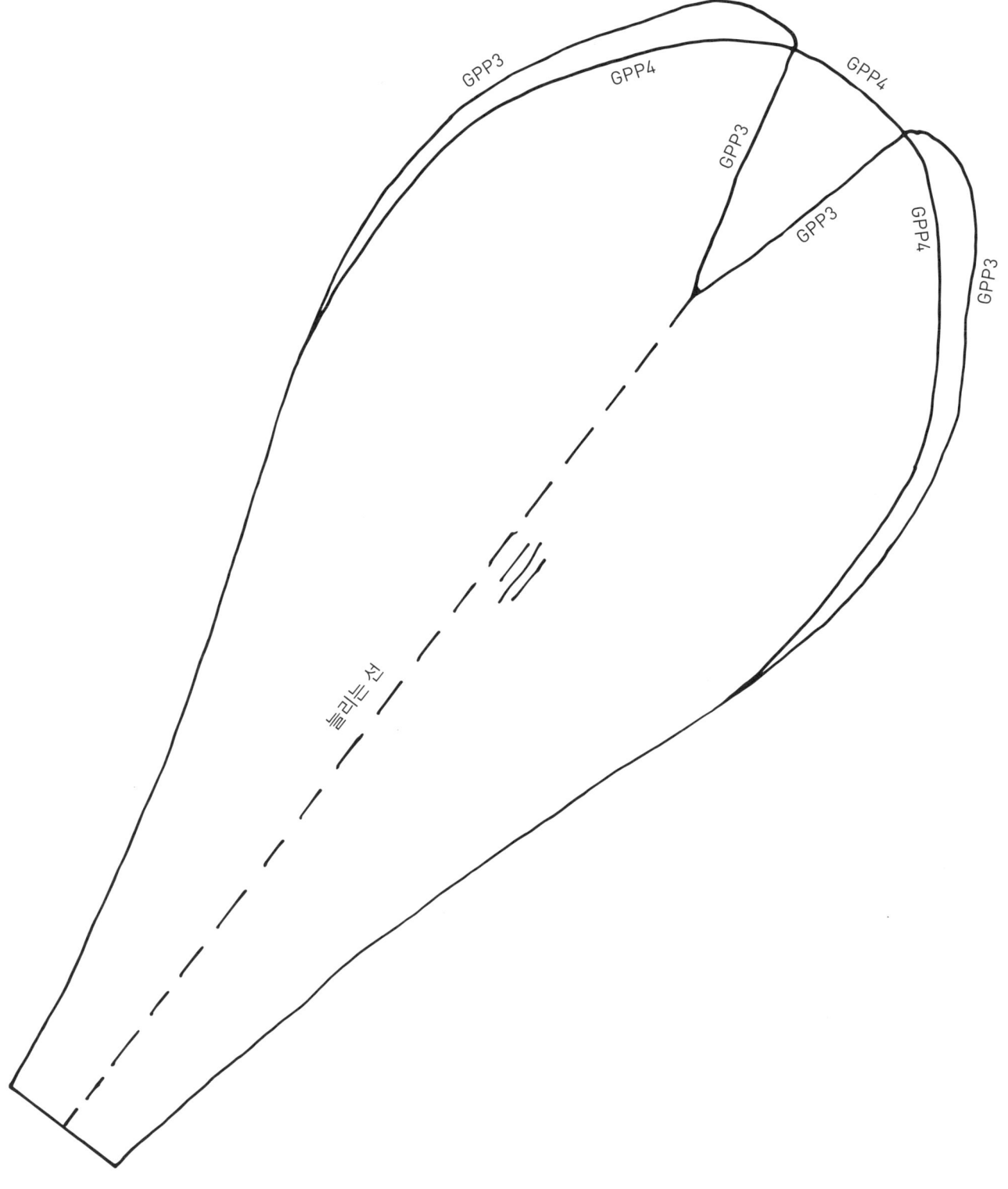

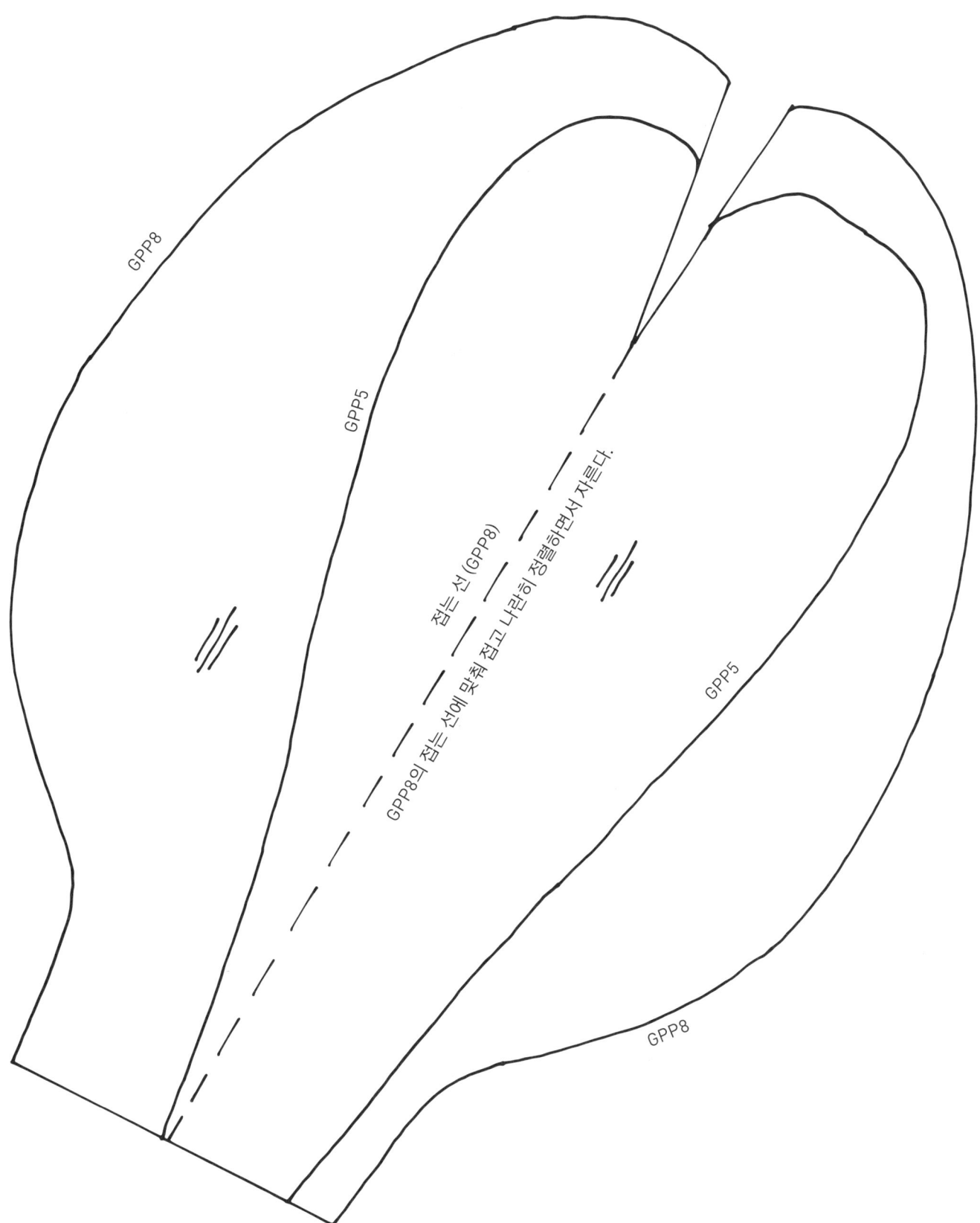

이 책을 끝내며

페이퍼 플라워에 대한 책을 쓴다는 것은 제게 엄청난 과제였습니다. 지면으로 공예에 대해 설명한다는 것이 때때로 너무 어려워서 제가 제대로 설명하고 있는지 불안해지기도 했습니다. 하지만 집필은 저에겐 결코 잊지 못할 경험이 되었습니다. 많은 사람들이 제가 집필을 끝낼 수 있도록 도움을 주었고, 저는 그 도움에 매우 감사해하며 받아들였습니다. 너무 고마운 사람들이 많아서 간략하게 인사를 전합니다.

전문성을 발휘해 저에게 좋은 조언을 해주었던 윈디Windy Dorresteyn, 우리는 당신을 사랑합니다. 우리 팀 텐 스피드 프레스Ten Speed Press, 제가 더 잘할 수 있도록 응원해주셔서 감사합니다. 이 책을 출간하기 위해 힘을 써준 편집장 케이틀린Kaitlin Ketchum, 미술감독이자 디자이너인 애슐리Ashley Lima, 아름다운 장소와 멋진 사진을 찍어준 사진작가 아야Aya Brackett와 그녀의 조수 알바이나Alvina Wang에게 감사를 드립니다. 내가 전하고자 하는 모든 이야기를 담게 해주었어요.

A+ 스타일링 기술과 즉흥적인 모델링을 해준 나타샤Natasha Kolenko, 소노마Sonoma의 스크라이브 와이너리Scribe Winery와 오크랜드Oakland의 스탈린 소셜 클럽Starline Social Club에게도 감사의 인사를 전합니다. 제가 이 페이지를 채우는 데 도움이 되는 필수적이고 아름다운 조각들을 만든 메이슨Mason Hunt, 에이다Aida Hassani, 더 유알엔THE URN의 엘리너Eleanor Gerber-Siff, 아름다운 꽃병을 만들어준 마이클Michael Merritt, 친구이자 플로리스트인 모니카Monica Lomas에게도 감사드립니다. 모니카는 제가 페이퍼 플라워를 만드는 내내 견본과 조언을 해주었고, 꽃에 대한 저의 지칠 줄 모르는 잔소리를 잘 들어주었어요.

그리고 웨딩 작업을 해준 신부들에게도 감사를 드립니다. 당신들의 소중한 결혼식의 소품들이 큰 도움이 되었답니다.

또한 특별한 순서 없이 나열해서 죄송하지만 이렇게라도 감사를 전합니다. 랜디Randy Wiederhold, 캐서린Catherine Martin, 애나Anna Branning, 로빈Robin Jakery, 킨들리Kindley Walsh Lawlor, 마리Marie Murphy, 폴Paul Bibo, 스태시Stacy Shartzer, 킴 블레이크Kim Blake Prause, 마이크Mike Prause, 샤논Shannon Fairchild, 톰Tom Randell. 정말 감사해요!

케빈Kevin B, Grace Bonney과 첸Chen, 지첼Giselle Gyalzen과 얀Jan Halverson, 다니엘Danielle Krysa은 제가 큐레이터이자 작가로 거듭날 수 있게 해주었습니다. 모두에게 감사를 표합니다. 마리에Marie Muscardini, 저와 친구가 되어주셔서 고맙습니다. 핸드크래프트 스튜디오 스쿨Handcraft Studio School, 공예 커뮤니티를 유지해주셔서 많은 도움을 받았습니다. 브리트니Brittany Watson Jepsen와 더 하우스 댓 라르스 빌트The House That Lars Built, 당신들이 세상에 주는 모든 아름다움에 감사의 인사를 전합니다. 마이크와 크리시Mike and Chrissy Benson, 카르테 피니 파인 이탈리안 페이퍼Carte Fini Fine Italian Paper의 지원은 저를 놀랍게 했습니다. 항상 당신들의 관대함에 감사할 것입니다.

이제 가족으로 가야겠군요. 저의 어머니 알렉시스 브라운Alexis Brown, 저에게 인내와 헌신을 가르쳐주신 매우 창조적인 분입니다. 어머지, 사랑합니다. 그리고 저의 가장 가까운 조언자이자 남편인 데이비드David Vazquez에게도 고맙다고 전하고 싶습니다. 당신은 제가 예술가로 발전할 수 있도록 많은 도움을 주었습니다. 데이비드, 사랑합니다. 마지막으로 저의 아름다운 딸이자 저의 뮤즈, 비평가, 아이디어 산물인 스텔라Stella Vazquez와 저의 멋진 아들이자 가장 가까운 조력자 그리고 종이를 치워주는 청소부였던 올리버Oliver Vazquez에게 고맙고 사랑한다고 전하고 싶어요. 제 가족에게 이 말을 하면서 감사의 인사를 끝내려 합니다.

"저는 제가 사랑하는 페이퍼 플라워보다 훨씬 많이 당신들을 사랑합니다."

저자에 대해서

티파니 터너TIFFANIE TURNER는 젤러바흐 패밀리 재단에서 주는 상을 받은 예술가로 건축가, 큐레이터, 페이퍼 플라워 강사 등 다양한 분야에서 활발하게 활동하고 있다. 그녀의 작품은 타워힐 식물원Tower Hill Botanical Garden, 베드포드갤러리Bedford Gallery, 잭피셔갤러리Jack Fischer Gallery에서 전시되었다. 샌프란시스코에 있는 드영 박물관에서 한 달 동안 예술가로 활동한 적도 있다. 티파니의 작품은 「보그Vogue」와 「오프라 매거진The Oprah Magazine」에 실렸고, 「디자인*스폰지Design*Sponge」, 「더 잘러스 큐레이터The Jalous Curator」 그리고 「포피Poppy」에도 소개되었다. 뉴햄프셔의 숲에서 자란 티파니는 현재 그녀의 남편 그리고 두 아이들과 함께 캘리포니아 주 샌프란시스코에서 살면서 페이퍼 플라워를 만드는 작업에 열중하고 있다.

추천의 말

내가 처음 티파니의 작업을 보았을 때 나는 어떤 말도 할 수 없었다. 그녀의 숙련된 손길을 통해 주름지와 꽃철사 그리고 접착제는 아주 작은 꽃의 예술 작품들이 되었고, 다이닝 테이블을 웅장하게 보이게 할 정도로 아름다웠다. 티파니의 페이퍼 플라워 작품이 박물관과 갤러리에 전시되어 있는 동안 그녀의 책은 까다로운 이 공예를 가장 초보자인 사람들까지 쉽게 접근할 수 있게 만들었다. 나는 이 책을 통해 아름다운 사진을 보며 영혼이 가득 담긴 작품 속에 빠져들고 싶다.

-「디자인*스폰지」 창립자이자 『in the company of woman』의 저자 그레이스 보니 Grace Bonney

티파니와 나는 수십 년 전 내가 플로럴 디자이너였고 그녀는 꽃을 그리기 위해 꽃을 사는 예술가였을 때 샌프란시스코 플라워 마켓에서 알게 되었다. 꽃들은 여전히 그녀의 뮤즈지만 지금 그녀는 다른 매체를 통해 그것들을 불멸의 것으로 만들고 있다. 모든 것이 빠르게 진행되는 일시적인 시대에 지속적인 아름다움을 창조하고 공유하는 것은 가치 있는 일이다. 그 작업을 티파니는 바로 이 책에서 해냈다.

-「도미노 매거진 Domino magazine」 스타일 디렉터 케이트 베리 Kate Berry

이 책은 열정적인 예술가가 노력한 진정한 결과물이다. 티파니는 경외심을 불러일으킬 정도로 페이퍼 플라워에 대한 세세한 스킬을 전달하고 있다. 분명 이것은 그녀의 너그러움에서 기인할 것이다. 이 멋진 책은 티파니가 혼자서 숙련하면서 얻었던 기술과 팁들을 얻을 수 있는 보물상자의 열쇠를 얻는 것과 같다.

-'젤러스 큐레이터 The Jealous Curator' 창립자이자 『Your inner critic is a big jerk』의 저자 다니엘 크리사 Danielle Krysa

내가 처음 티파니 터너의 작품을 보았을 때 나는 너무 놀라 멍하니 있다가 다시 제정신을 차리며 이렇게 말했다. "종이? 불가능해!" 하지만 그녀의 작품은 불가능한 것을 가능한 것으로 만들었다. 이 책은 페이퍼 플라워를 배우려는 사람들에게 공예의 깊이를 알려주는 책이다. 페이퍼 플라워를 만드는 데 필요한 모든 것을 자세하게 설명해준다.

-『The Flower Workshop』의 저자 아리엘라 쉐자 Ariella Chezar

식물학적으로 정확한 꽃을 만들기 위한 티파니 터너의 사려 깊은 접근은 놀라울 정도로 고무적이다. 그녀의 아이디어는 우리에게 새로운 눈을 갖게 한다. 더불어 그녀의 독특한 기술은 페이퍼 플라워 공예에 대한 초보자가 가질 수 있는 막역한 두려움을 떨치게 한다.

-Poppytalk.com 창립자 얀 할바슨과 얼 에이나슨 Jan Halvarson and Earl Einarson

Index

B

부겐빌레아 33~35
    부겐빌레아 잎 202

C

카네이션 37~41
    샤보 피코테 판타지 카네이션 122
    카네이션 잎 202

코스모스
    초콜릿 코스모스 101~105
    초콜릿 코스모스 잎 204~205
    코스모스 107~111
    코스모스 잎 204~205

D

달리아
    디너플레이트 달리아 161~165
    중심부가 열린 달리아 167~171
    브리스톨 스트라이프 디너플레이트 달리아 122
    파트리샤 중심부가 열린 달리아 122
    달리아 꽃봉오리 198

민들레 127~129

수선화 45, 44~45
    수선화 잎 202~203

겹꽃 수선화 45, 46~47
    겹꽃 수선화 잎 202~203

E

국화과 에키네이셔
    에키네이셔 수프림 칸탈루프 131~133
    에키네이셔 수프림 밀크셰이크 131~133

유칼립투스 135~137
    유칼립투스 잎 205

G

그린 트릭 패랭이꽃 143~144
    그린 트릭 패랭이꽃 잎 202
    베이비 그린 트릭 패랭이꽃 부토니에르 222

M

목련 가지 199
    목련 잎 203

금잔화 139~141
    금잔화 잎 206

나팔꽃 53~55
    카르네발레 디 베네지아 나팔꽃 122
    나팔꽃 잎 203

P

모란
    일본식 모란/브리지스 드림 모란 49~51
    핑크 스피너 모란 122
    더블 봄 모란 173~175
    시든 코럴 참 모란 177~181

양귀비
    캘리포니아 트리 양귀비 97~99
    털양귀비 113~117
    시베리아꽃 개양귀비 113~117
    라일락 양귀비 143, 145
    블랙스완 양귀비 143, 146~147
    아이슬란드 양귀비 204
    양귀비 잎 204

R
장미
    하이브리드 티 장미 67~69
    아이스버그 플로리분다 장미 71~75
    잉글리시 장미 I 77~79
    잉글리시 장미 II 77, 80~81
    로사 벌 노르 83~87
    닐 다이아몬드 하이브리드 티 장미 122
    장미 잎, 줄기, 꽃봉오리 등 196, 203

미나리아재비 183~187
    돌연변이 미나리아재비 122
    미나리아재비 잎 206

Z
백일홍
    페퍼민트 스틱 백일홍 122
    베너리스 자이언트 백일홍 149~151
    스카비오사 백일홍 149, 152~153
    백일홍 잎 206

THE FINE ART OF PAPER FLOWERS: A Guide to Making Beautiful and Lifelike Botanicals
by Tiffanie Turner

Text and tutorial photographs copyright © 2017 by Tiffanie TurnerAdditional photographs excepts as noted below copyright © 2017 by Aya Brackett

All rights reserved.

This Korean edition was published by Dodo PUBLISHING CORPORATION in 2018
by arrangement with Watson-Guptill Publications, an imprint of the Crown Publishing Group,
a division of Penguin Random House LLC through KCC(Korea Copyright Center Inc.), Seoul.

이 책은 (주)한국저작권센터(KCC)를 통한 저작권자와의 독점계약으로 ㈜도서출판 도도에서 출간되었습니다.
저작권법에 의해 한국 내에서 보호를 받는 저작물이므로 무단전재와 복제를 금합니다.

paper flowers
페이퍼 플라워

초판 1쇄 인쇄 2018년 11월 28일
초판 1쇄 발행 2018년 12월 20일

지음 티파니 터너
사진 아야 브랙켓
옮김 정민정

발행인 이웅현
발행처 (주)도서출판 도도

전무 최명희
편집 홍진희
디자인 김진희
홍보·마케팅 이인택
제작 퍼시픽북스

출판등록 제 300-2012-212호
주소 서울 중구 충무로 29 아시아미디어타워 503호
전자우편 dodo7788@hanmail.net
내용 및 판매문의 02-739-7656~9

ISBN 979-11-85330-55-6 (13630)
정가 28,000원

잘못된 책은 구입하신 곳에서 바꾸어 드립니다.
이 책에 실린 글과 사진은 저작권법에 의해 보호되고 있으므로 무단 전재와 복제를 일절 금합니다.

이 도서의 국립중앙도서관 출판예정도서목록(CIP)은 서지정보유통지원시스템 홈페이지(http://seoji.nl.go.kr)와
국가자료공동목록시스템(http://www.nl.go.kr/kolisnet)에서 이용하실 수 있습니다. (CIP제어번호 : CIP2018038217)